書山有路勤為徑，學海無涯苦作舟。

書山有路勤為徑，學海無涯苦作舟

淺讀金剛經

夏春芬◎著

- 凡所有相，皆是虛妄。若見諸相非相，即見如來。
- 一切法，無我、無人、無眾生、無壽者。
- 若以色見我，以音聲求我，是人行邪道，不能見如來
- 一切有為法，如夢幻泡影，如露亦如電，應作如是觀。
- 應如是生清淨心，不應住色生心，不應住聲香味觸法生心，應無所住，而生其心。

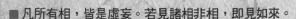

序言

佛，有時可以是女子

佛門女眾都不會忘記小乘佛法中的「五障思想」，《中阿含經．瞿曇彌經》稱女子這種「五漏之身」，不能成梵王、帝釋、魔王、轉輪王、更不能成佛；如此觀點，令不少現代女性不得不對佛法望而卻步，退避三舍，甚至，個性直率的女性會直接咬牙切齒：佛不要我，我不要佛！

其實，當代的女子，完全不必為此念困擾，大乘佛法已經提倡眾生平等，佛甚至說：一切諸法非男非女。在《佛說轉女身經》中，明確解答：「若有女人發菩提心，那就是大善心、大丈夫心、大仙人心、非下人心，永離二乘狹劣之心，能破外道異論之心，為三世中最勝心，能除煩惱不夾結習的清淨心。」已經徹底決斷了性別給予女性的障礙。

當然，不可否認的是，自古至今，女子的確因為性別的原因，被佛法排除在邊緣地帶，多少年來，在佛法領域中，從修行者到在家信眾，女性的著述講經、傳道修煉等活動都受到了極大限制，而女性關於佛法的認識、理解、領悟，更是鮮見。

所幸，如今我們已經能夠有機會聽到越來越多女性在佛法領悟中的聲音，看到她們對智慧與宗教、人生的感悟，同時感受到這個群體特有的細膩，優雅，從容，智慧。

《金剛經》是佛教中一本非常重要的著作，被稱為「諸佛之智母、菩薩之慧父、眾聖之所依」，是佛教在中土翻譯最早、流傳最廣、影響最深的經典經書，在中華傳統文化中，人們甚至把《金剛經》與儒家的《論語》、道家的《道德經》並列視為釋儒道三家的宗經寶典。

在浩如煙海的《金剛經》闡釋中，女性的相關著作卻非常罕見，或許是因為女性五漏之身思維的影響，讓修佛群體對女性智慧帶有一定的偏見，當然，限於時代與生活的約束，古代女性群體的確在見解與領悟上，難以突破男性的高度。

可喜的是，本書一反純粹經典闡釋的方式，作者用自己商業經營與生活累積的閱歷，開始講述一位女性對《金剛經》博大精深智慧的領悟，以入世之心，悟出世智慧。

在本書中，你會看到一名現代的職業女性經理人，如何提綱挈領對《金剛經》進行個性化領悟，如何透過高深的經文，來闡釋自己心中對世間百態、人類情感、信仰修持、慈悲心態，乃至信仰與生命等命題，給出令人耳目一新的見解。

每個人都有智慧，本書卻讓你看清楚什麼是真正的智慧；

每個人都有慈悲心，本書卻告訴你一顆更加真實的慈悲心；合上本書，感受著這股清新的領悟力量，恍然間有點些許明白佛所講「非男非女」的真正佛相，在慈眉善目與豐腴圓滿中，有著那麼多女子的明朗與柔和，或許，佛有時候真的可以是女子。

一切有為法，如夢幻泡影
如露亦如電，應作如是觀

序言／7

第一章　智慧照耀有心人　19

須菩提涕淚悲泣——稀有，世尊！我從昔來，所得慧眼，未曾得聞如是之經！

智慧瞬間擊中悠悠世心，從牢牢握住的執著到平和地放開，從山山水水到非山非水，到春去花猶在，人來鳥不驚，這世間竟有如此空靈洞透的學問，讓你我用混濁之眼看破百年！智慧之刃，一下割斷萬般塵絮，劃破翳雲，可看到你伸開的手中，光芒萬丈？

隔幾層衣服搔智慧之癢／20
智慧帶來幸福人生／27
智慧無處不在／34
智慧即生活／39

第二章　看透虛妄，看淡苦樂　45

凡所有相，皆是虛妄，若見諸相非相，即見如來。

有佛可以生活，無佛也可以生活，而無智慧卻空洞如泥中竹竿。是否曾恍然感到這凡身肉胎最不瞭解的乃是蒙昧頑固的內心，那麼在乎的事情與所謂原則，究竟為了什麼？因得到

而喜不自勝，為失去而悵然悔恨，不堪一擊的是我們的心，還是我們的智慧？
表象易看透，卻很難看淡／46
因為有「我」，才會失落／52
苦難更值得品味與珍惜／56
人人可以活得快樂和特別／61
洞透內心，贏得成就／65

第三章 修顆隨性自在清淨心　71

應如是生清淨心；應無所住而生其心。

生活之所以會苦累，是我們總是期待得到，而不是放開；總是期待成為什麼，而不是做到本來是什麼。有沒有想過，當自我暗示說：我就是這樣。此時，內心會升起多少壁壘，來維護這個自己認為的樣子！你執著在自己是棵蘑菇的樣子上，怎麼會瞭解到一條魚暢游無礙的自由！

可以期待，不可執著／72
不要壓抑，釋放了，就消失了／77
修心，要做到收放自如／81
物我兩忘，清淨自在／85
把享受推延到努力勞動之後／89

第四章 修心性，不要修欲望 93

若以色見我，以音聲求我，是人行邪道，不能見如來。

虔誠磕頭，沐浴焚香，梵音木魚，你問過自己嗎？如此而為是為解脫內心諸般的糾結與欲望，還是純淨沉浸於這一舉一動中的寧靜祥和？帶著無盡的負荷與期待進入日日修持的狀態，見佛便拜，逢事便求，佛可以等同於萬能的神祇〇。而你修了一世的佛，依舊只是懂得祈求而已，卻不曾留住點滴佛的智慧。

寧靜點，慢一點，會更幸福／94
修心性，不要修欲望／98
乞求，祈求，不求／101
不要神秘感，要平常心／104
做個逍遙快樂的世間佛／109

第五章 該來的來，該去的去 115

如來說諸心，皆為非心，時名為心。

若我死後，願君平靜依舊，開心依舊；因君作古，我當如此——你我無論恩愛如何，敬重如何，都必將因緣際合散滅，既已與你全心全意共度有生，何必再為失去悲泣哀傷？莫讓本心沾染得失而致的執念，讓該來的來，該去的去吧；不要只看到不知珍惜的漠然，卻不知一顆不曾改變的赤心，如你從未離開般深情。

第六章　情緒是水波

若復有人得聞是經，不驚，不怖，不畏，當知是人甚是稀有。

有人戲稱「波」為水之皮，情緒乃是內心之皮，留藏了多少智慧，此皮便有多深厚——萬丈深潭不曾驚濤駭浪，淺灘濁溪，卻因風而浪，因石而泛——無法沉積，則無法得到大涵養，不曾體悟大智慧，必會因周邊小小驚動而大起大落，而短暫的今生今世，怎能承受這諸多的跌跌撞撞！若能於二十歲悟到四十歲乃至六十歲、八十歲的生命至理，並篤行之，此人必是稀有。

第七章　微笑的靜默

不可取，不可說，非法，非非法。

心與口之間，永遠隔著無法跨越的鴻溝，如同百般解釋糖有多甜，而從未體驗過的人，怎麼清楚那是何種滋味！這世間，總有些說不清道不明的事，如眼神中的那點靜默閃耀的若有還無，似嘴角那抹欲言又止的似笑非笑。多少次，以為說清楚了，卻發現已經完全糊塗了，而靜默時，印於心底，卻又找了回來；可是聰明的你可知，究竟是因為不能表達，還是因為我們不曾懂得如何更好表達？

第八章　大慈大悲一念間

若菩薩心不住法而行佈施，如人有目，日光明照，見種種色。

世間之人，當為了福報而發了善心，這執著的心卻有了更多的負擔：怎麼好人總是沒有好報！當我們要去拿一樣東西的時候，總是會有另外一種代價跟隨其後。乾乾淨淨的善念悲憫，此時此事，打開心門，洗刷完畢，了無罣礙，又重新回到平常的狀態中，此時此事，一切如常，一切又不似從前。一念之間，處處道場。

離一切諸相，即名諸佛。

晨鐘暮鼓，木魚青燈是信仰；俗間尊持，沉吟證悟也是信仰。此間可群體日日精進，他處可孤身冥思求解，都應是真正的修行之人。信仰只要走入內心深處，便成了一扇無法關上的門，在什麼地方，什麼人心裡開啟，並不是最重要的，因為只要這扇門打開了，智慧便開始播種，花瓣遍撒。也許你心中那扇門已經開啟，因為我們都察覺到，內心中，多了些平靜。

一切有為法，如夢幻泡影，如露亦如電，當作如是觀。

真誠修行的人，乃是為了證悟生死，獲得生命自由，在這個終極問題面前，佛教似乎在找

一條凡人難以解決的道路，彼岸，真的能到達嗎？而彼岸風景，又是什麼樣子的呢？是像我們幸福的樣子嗎？像我們快樂的樣子嗎？在我們無限追尋智慧的旅途中，是宗教的信仰嗎？是哲學的思索嗎？還是心理的滿足？是真實的，還是虛幻的？

第一章 智慧照耀有心人

須菩提涕淚悲泣

——稀有，世尊！我從昔來，所得慧眼，未曾得聞如是之經！

智慧瞬間擊中悠悠世心，從牢牢握住的執著到平和地放開，從山山水水到非山非水，到春去花猶在，人來鳥不驚，這世間竟有如此空靈洞透的學問，讓你我用混濁之眼看破百年！智慧之刃，一下割斷萬般塵絮，劃破翳雲，可看到你伸開的手中，光芒萬丈？

隔幾層衣服搔智慧之癢

一日三餐，穿衣睡眠，朝九晚五，愛恨情仇，爭名奪利，有沒有想過停下來問問自己：

我是誰？

為何難以留住我們的時間？

為何是他們而不是別人會成為自己的父母？

如何得知我們眼睛看不到，耳朵聽不到，手摸不到的事情？

我們的意識來自哪裡？死後，它又去了哪裡？

……

問題看上去簡單幼稚，答案卻千百年來遙不可及，人常常會在這些疑問面前顯得渺小和神秘。當然，這樣的疑問並不構成生活，我們只是偶爾沉浸在玄思之中，生活還是會日復一日地重複著，每天都要吃飯、消費、睡覺與工作，只是難免地，煩惱會常常不請自至——錢不夠用了，感情不夠深了，被冷落了，有人比自己更發達了……

有位幽默的朋友自嘲：不要太煩惱，你我都是「煩」人。從凡人到「煩人」，看似有巨大差別，卻恰恰是因為「煩」所以「凡」，沒有了煩惱之心，對這凡塵俗世，便自然會多出一些超脫的意境，常常思考一些看似遙遠奇特的問題，反倒能讓浮躁的心逐漸沉靜下來。

煩惱是面鏡子，能夠折射出我們是用怎樣浮躁的態度，活在這個浮躁的世界上，也能反照出欲望、期待、修養與信仰，雖然我們並不覺得煩惱有多麼難以超越，也許我們曾經為下一頓飯吃什麼費心煩惱過，但是一旦陷進某種極端的困境，在激烈的衝突之後，我們如何面對自己的內心和外在的世界，已經不再僅僅是個人問題，我們需要拿出自己的見解，自己的態度，這關乎著一個人在社會群體中會被如何定位。佛教給了我們一種「緣起性空，清淨無礙，大慈大悲，度己度人」的建議。這不是具體做事步驟的指導，只是一個方針政策，算是明確態度：把煩惱當成修行佛法的磨練，不是更有意思嗎？

有人會問：既然佛教的真旨就是清淨無為，實際上就是能看淡放下，只要讓心平靜下來，多點慈悲，這不就是佛性嗎？我們不停地去追究佛的意義，佛的智慧，鬧哄哄你方唱罷我上場，這不是在用欲望去解釋清淨無為嗎？

絮絮叨叨與眾人一道不斷去講金剛經智慧，的確看不出有多麼高明的智慧！還好，古往今來不少高僧大德也已經非常八卦地對《金剛經》做過各種註解，從鳩摩羅什開始，到如今該書應該已經不下萬種註解，僅在出版業剛剛發展的唐初，就有八百家註金剛經的說法，甚至連唐玄宗這位風流帝王都親自為《金剛經》做註，並且將其與儒家《孝經》、道教的《道德經》相提並論，認為此三書分別是釋、儒、道三家代表性經典。而後來加上禪宗的重視與推動，民間甚至將這本書當成與《三字經》類似的佛家入門讀本，婦孺皆能背誦，真是一本風光無限的佛經啊。

所以很多朋友曾奇怪地問：你是不是心中有邪念，想讓佛祖保佑你？幹嘛要去做這種吃力不討好的事情，所謂的金剛經智慧那麼多人都已經寫過，你再寫，又有什麼意義？

真不知道怎麼回答這個問題，我們這些凡夫俗子，既難以見證無上正等正覺，更沒法悟道涅槃，再對世人多一些提議與思索，也不過是在求索大軍中，再多出一個淺淺足跡而已；當然，想想既然前人已經做了那麼多「抹黑」的註解，再抹黑一次，損害效果其實對金剛經這深奧智慧並無大礙；至於吃力不討好，這屬於個人選擇，其實每個時代的人，都完全有理由用自己的方式來說述對佛的理解與領悟，今年的領悟可能就比去年的領悟多了一層新意，這不奇怪，飯都要多吃一年的嘛；再說學習經驗還是要代代薪火相傳的好，佛雖然厭惡形式與束縛，卻也不希望大多數人緣木求魚，南轅北轍。

至於邪念，確切說應該是妄念，因為鄙人不是比丘尼，不是正牌居士，算是個假冒偽劣的佛教信徒，用這樣的身分來闡釋《金剛經》智慧，很缺乏說服力。不過愈是沒有可能的時候，可能性就愈大，佛家講緣分，解讀《金剛經》的樂趣大於恐懼，如果佛的智慧已經開始杜絕凡夫俗子的窺視，說明已經充分妖魔化，也會逐漸離世人愈來愈遠。

在自己這個二十多歲年齡層的女性中，對佛法的理解，其實已遠遠不同於往代人的頂禮膜拜的心情，而是抱著一份好奇與興奮的感受，去查看一個完全陌生的世界與思想。相較於正襟危坐地聽課誦讀，我們寧肯用輕鬆愉悅的心態去面對深奧浩瀚的佛法智慧。

佛法本是來自於一個陌生國度的陌生邏輯思維下的智慧，東傳之後，經歷了數代人的流傳與闡釋，逐漸形成更加系統化的研究。可是世俗凡人要是抱著研究的心態去天天誦讀，多半會逐漸不知所云，然而有趣卻能害死好奇的貓，習慣了看板著臉孔一本正經講經的大德，他們非常優秀，不過有些時候會讓聽者感覺到時間的漫長；而將佛法的智慧，融入到妙趣橫生的凡塵瑣事中，讓不能到寺院中修持的世間凡人，感受到節制與忍耐等修持，帶給人生的改變與提升，那將是更大的收穫。

當然，還有一個不太重要的原因，其實個人非常期待佛法智慧中多一些女性的發言，在上萬種《金剛經》智慧的註解中，男人的聲音佔了百分之九十九以上。女性在佛教中長期處於尷尬地位，「八敬法」使得女性更是要依從男眾，甚至連平等的地位都難以獲取。然而今日女性已不再是文化和生活中弱勢的群體，女人有自己的智慧和理解，佛陀也說一切眾生皆有佛性，也警戒世人應無所住而生其心，不可執念於聲色諸相，性別，自然不應是阻擋眾生覺悟的障礙。

在無數不可能的前提下，決意用一種純女性觀點的方式來觀察佛教，感受佛教。這個過程很驚險，當活躍的火種遇上清涼的水，形成一氧化碳促進燃燒的機率不是很高，而最壞的結果是，淺薄如紙張般灰飛煙滅，不過，個人倒還是確信，無論思考是狹隘的見解或是搔而不癢的膚淺，但都是積極的思考，誠懇的理解，請各位見證。

說到佛家的因緣，也許的確是因為《金剛經》經典的智慧打動了自己，如同須菩提感激涕零地告訴佛陀，他感受到了從來沒有見識過的佛教的力量，那無法把握又無邊無際的力量，居然能在瞬間把菩提老祖這位領悟空性多年的智者震翻，撼動之大，可見一斑。我們這些小輩只是被玄妙的智慧給砸了下腦袋，輕微震盪，神志不清，對震撼無法有效表達，卻很真實留在心裡，癢癢的，總有破口而出的欲望，可是已經比不上菩提祖師一把鼻涕一把淚的境界，然而所謂痛可忍，癢不可忍，所以即使隔著幾層衣服，依舊無法控制要表達的衝動。

常想，佛教自創教以來，已經延續了兩千多年，憑著古人的智慧，他們編定、集結了無數經典，而這些思想，直到今日依然能令無數人心動不已，究竟是什麼力量導致了這種現象？現代人不夠聰明嗎？肯定不是，古人打破腦袋都不會想到能夠製造汽車、飛機、電腦、摩天大廈，現代人在科技文明上的成就，已經遠遠勝於古人；那是現代人不夠勤奮嗎？更加不是，大部分現代人早出晚歸，挑燈夜做，犧牲睡眠與家庭生活來努力工作賺錢，可是古人卻從不提倡「三更起，半夜眠」的不良作息習慣。當然其人黑眼圈、小雀斑肯定不會太多。

那麼相比下，現代人究竟欠缺什麼呢？為何一代代人都信仰佛教，眾多寺院都是百年古剎，我們現代卻連一個百年老店都難以維持經營？而且時至今日，對佛陀的經義依舊是頂禮、參拜、修持。

現代人最缺乏的應該是控制生活與人生的智慧吧，對人生的思考，對社會的思考，對宇宙的思考，都被浮躁的現代欲望湮沒了，誰有恆心去日復一日地面對自己的內心？誰有智慧停下來問一下自己最近是否迷失了？

佛陀是一位相當聰明的人，他對人性的把握到了極致狀態，而對生命、信仰以及宇宙體系的分析，條理性與建構能力，甚至是現代人都無法比擬的，而且，很重要的一點，佛陀從來不認為自己的教義與所作所為是為了自己；不知道諸位觀察過沒有，大街上乞討的人，如果是為自己乞討，很多人會避而遠之，然而，如果是為了某項慈善活動募款，附加上說服力很強的圖片，則捐助的人都很願意慷慨解囊——看看人家都為了慈善事業，親自站到街頭辛勞，自己捐點錢，合理，也很樂意。

這個趨同和趨善心理挖掘得很好。看一個做得很成功的人如何想，如何做，比欣賞自己如何把事情做得莫名其妙有意思得多，假如這個行為過程充滿了參與、合作，必然的成功色彩，又兼能幫助他人，成就自己，甚至還可以為子孫後代和自己的來生累積福報，相信人人會覺得是一個一本萬利的好投資，搖身一變從旁觀者變成參與者，人人得以在無上智慧光芒下，思考，做筆記，當講師，甚至悟道成佛，這個過程，讓每個渺小的人，一下子變得前程金光閃閃，繼而會不遺餘力地去奔赴信仰的大潮。

當然，也不乏有理性的思考者，信仰不在潮水裡，而在自家的浴缸裡，為了在現世中擺脫煩惱，獲得寧靜與智慧，會把佛教當成一種心理意義上的自我救贖方式，保持著卓然的獨立和追尋，讓信仰與智慧引發自己更多思考方向，及時走出心理陰影，獲得一些不同尋常的宗教體驗。

無論是潮水還是浴缸，這些衝擊都在一定程度上增強了人們對佛法的信念。愛一個人既然不需要太多的理由，那麼愛智慧，更加不需要太多理由，只要有需求，內心深處保持認同，就值得勇往直前，甩掉靴子，直接去除心頭之癢。這個選擇不關乎生命，卻關乎生命品質，很有必要及早決斷。

曾經跟朋友開玩笑，雖然是大不敬的評價，但是從某種意義上來說，佛陀的確是一名非常專業的推銷員，無論多麼繁複的語言，如何精采的步步推進闡釋與講解，都是在傳達佛教中的幾種重要思想，這點與推銷員非常相似，在熟悉產品的前提下，能夠將自己的產品，從不同角度和側面做出詳細的講解，甚至可以從時間和空間上均做出精采的講解。我們不得不在後世鼓掌、讚許，然後很樂意接受並踐行。

智慧帶來幸福人生

在與一位師父談話開示中，他很誠懇地講：

無論世人如何行為舉止，我們要做好自己，做好世人的榜樣。

這個想法，對大多數人而言，已是很難得的境界。能夠不問世人態度，斷除他人妄見對自己的影響，較之常人，應該是能夠對佛法產生更好的定心。只是有一次卻問了另外的問題：

「師父，榜樣能夠給予世人佛法的啟發嗎？佛說『一切法無我、無人、無眾生、無壽者』，如果我們認為自己的樣子夠完美到給世人做榜樣，那還是真正的智慧嗎？」師父頷首微笑，表示認同。

其實信佛、修佛、敬佛，甚至成為群體中儀容嚴整，令人敬仰的大德，卻不見得就要去做世人的榜樣，修行高潔也不一定就會成為世人願意追隨的高僧。修行佛法的人喜歡將世人都假設成屬於佛法世界中的一分子，然而大多數的非信仰者，卻並不認為自己屬於這個特殊的信仰世界；我們是在用佛法的智慧來見證自己的可能，卻並不能讓世人都遵從這個求證智慧的規則。

人人心裡都有嚮往自由，追求快樂人生的夢想，並不因為是否信仰佛教而不同，如果存在不同，那重要區分在於實現夢想的過程，心境如何，方式如何，以及最終的效果如何。

每一位有修養的人，都不要讓自己做榜樣，而要讓自己先證悟，先快樂起來，寬容起來，寧靜起來，理性起來，再去跟周圍的人分享自己的領悟與收穫，才能真正幫助他人。

佛教的智慧，正如佛陀所說，並不在乎以何種形式出現，能夠引導世人接受佛家智慧的方法，不是一個僧人自己修行到了什麼程度，而是那個修佛的人，與眾生多麼接近，卻又比眾生多了多少快樂與幸福。

德蕾莎修女並不是佛家的信眾，但是在對世人的回饋以及生命價值的實踐上，卻已經超越了眾多修持佛法的智者，她在用自己的智慧方式來盡力宣揚人之間的愛與溫暖。可以肯定地講，在宗教之間，有些共通的智慧與準則，來引導平凡的人，發掘出心靈深處的善良與力量，拯救我們煩惱且貪婪的原始靈魂。所以，做好自己，去盡力幫助與影響他人，不去想自己會是一種什麼樣的導師身分，那些都是虛名而已，只要自己在盡力付出的時間內，是歡喜滿足的，那就足夠了。

其實世人又有哪個人不希望能獲得幸福呢？如果只是運用修身養性，內觀悟道的方式便獲得平和的態度，寬容的心態，寧靜的思想，良好的人脈與事業的順利，又怎麼會有人不願意追隨呢？

在大多數人看來，只要能夠引導他們到幸福人生狀態的，不複雜，又不設門檻，透過日日堅持的方式，提高自己的覺悟，平靜自己的心態，緩和自己的人際關係，優化生活，都是願意去嘗試和接受的，最大的問題是，讓心裡樂意接受這份饋贈，而不是硬塞過來。

一個懂得運用智慧的人，不會去強迫別人接受，而是讓自己變得更幸福，來感染世人。佛家的智慧，是向內的，朝向一個人的心靈與感悟；不是向外的，朝向攻擊與壓制。

切磋修佛經驗真是很有好處，每個人都有獨特的方式來愛上佛家智慧。

有位居士談到她從一個無神論者，開始喜歡上佛教智慧，是因為自己身邊開始有朋友進行修行，她親眼看到朋友從脾氣暴躁，生活失衡的狀態中走了出來，變成另外一個寧靜平和，淡定從容的人（說老實話，聽她這樣講時，極易與現在社會上某種銷售人員聯繫到一起，大抵這世人表達某樣自認為美好的東西，都需要經歷一個經驗分享過程），而自己在後來與那些有信仰的人相處之後，也感覺到了從未體驗過的人際之間的舒適、融洽與信任，感覺到這個群體的勤謹與真誠，對自己形成一種潛移默化的影響，她喜歡與這種人相處，同時，也從他們的生活中，從他們對待生活與工作的態度中，感受到一個有修養的性格，能帶給他們不同尋常的生活，比如高貴的感覺、從容的感覺，還有收穫的感覺。

這是她一直希望自己能實現的，以前總是希望緊緊抓在手裡，以為這樣就能得到，但是她看到很多修行的人，願意放開心胸與大家分享，結果卻收穫了更多。

很多人一直在問：為什麼世俗間的人，沒有辦法把自己的各種生意經營得像佛教這樣成為千年「老店」，從一種經營的角度來查看佛的事業，它無疑是相當成功的。可惜，佛教不是生意，沒有日日盈虧的拘謹與顧慮，佛說轉眼便是百年，得失看得淡，俗務盯得少，卻找到了得失與俗務間，人人都避不開的情緒與思維，正因為佛家充分發掘著人內心的渴望與期待，用惡與悲來彰顯「善」與「福」，用美與神來引導「惑」與「躁」，才能將世人一代代馴服。

其實佛本身不能讓人幸福，因為幸福是人自己爭取來的，幸運是幸福的一部分，卻只是光顧準備好的人。有人說人是有宿命的，看世間無數的災難，有人能夠倖存下來，有人卻付出了生命。我不是純粹的有神論者，相信生命存活是幸運的一部分，但是生命消失卻不見得一定是懲罰，一個沒有智慧，缺乏反省和珍惜的生命體活了下來，哪怕活了一百年，依然與樹木無異，沒有辦法去用生命創造和改變；不能通達領悟的人，或者只是一個過程，卻不能代表任何意義。因為，人都是會死的，只是過程長短而已，多活幾年就是我們想要的結果嗎？

有些人，父母在自己年幼的時候便雙雙離世，有些人甚至在老年遭遇喪子喪夫，留在這世上，孤孤單單，煢然一人。

佛家講究因緣，雖然能夠在一定程度上讓這些人不再追究現世的不公平與痛苦，卻無法消除他們深藏心底的孤寂與悲傷。佛家所謂的因緣，其實更重要的，還是為了讓人珍惜這一世，珍惜當前當下的行為與精神。無論前世有再多不如意與惡念，那是再也記不起也無法彌補的遙遠；無論下一世會有多麼美好的人生，那是永遠不會讓這一顆心靈感受到的未知，而這一刻，為什麼不好好嘗試一下如何獲得純粹，通透，無牽無掛，完全出於自己內心所渴望的幸福人生呢？

不要再去過多考究，是不是受到懲罰，是不是再無轉機，而是不要再因為這些惡報的觀念，這些無謂的猜想，這些無聊的困擾而煩惱或者陰鬱，不要偽裝著自己從此虔誠無限；不要克制著一定要如何如何，你有沒有靜下心來想過，所有人都是自己生命中的過客，愛恨情仇，生離死別，都是自然常態，不必過度執著。

有時候我們會設想，自己現在這麼辛苦，是不是因為還沒有實現更好地生活，假如有了合適的配偶和財富，也許自己就不會這樣了——可是事實上，處在一種不肯鬆懈的執念下，我們的生活要改變，是非常困難的；而超乎現實的幻想，渴望著被幸運乃至神明眷顧的生命，要達成自己理想狀態，機會是非常小的。這世界上，能改變這一切的——只有是自己的態度和內心。

好好想想，成為孤兒，這是無法逆轉的事實，但是，你畢竟活了下來，所以，要珍惜這得來不易的生命，堅強而勇敢地活下去，並且要活得無限精采，來告慰失去生命的父母；失去至親的人，大多很難適應一下子從溫暖、幸福的生活中突然被拋棄，獨自面對一個陌生，再也觸摸不到他們的生活。可是生活還是得要繼續，失去生命的人絕不會希望活著的人過得非常淒涼，你不知道他們的靈魂也許已經有了更好的歸宿，自己卻在這裡無法釋懷，執著於他們的肉體曾經帶給自己的記憶與溫情；反身想想，如果是你離開了人世，你又會希望他們如何呢？未來的日子還有那麼多的美好，他們有機會在五蘊世界中有更多的經歷，你還會那麼自私地讓他們為你悲戚一生嗎？

這時候要學會放下，大喜大悲面前，學會反省，小煩惱面前，學會寬容，學會能讓生活從斷層中重新開始，這是智者的舉止。我們的生命，不是為了證明悲傷，而是為了證明精采，不是為了證明多麼無奈，而是證明多麼有尊嚴。

不要被古時候因為遭受重創便看破紅塵，遁入空門的觀念影響，空門隨處皆有，不必用萬念俱灰的方式來表達，那不是智慧，而是逃避，不要憚於在悲傷面前露出笑臉，那是勇者的選擇，而要謹慎於自己的言行舉止是否能讓自己的心中更加踏實，不要做個空心的人，而應讓心中充滿智慧和平和，充滿修持與勤謹；不要做個反覆無常的人，那是內心的不安與懷疑，精神上的不堅定與脆弱使然，控制這些敵人，比膚淺的享樂與悲傷，對人生更有價值。

因為這種平淡之下，你會發現，斷層的世界會重新恢復，失衡的靈魂會逐漸復位，我們每個人都是一座橋，一座能夠自我完善的橋，只要平衡堅韌，圓潤通達，即使身後是萬丈深淵，前面是壁立千仞，依然能夠輕鬆跨越，重新走入人群中間，活得更好。

智慧無處不在

智慧不神秘，在我們身邊每個角落，起床時，它在你的枕畔床邊，吃飯時，它在你的餐桌上，工作時，它在你的眉眼唇齒與舉手投足間，在你與親人念叨時，在你上廁所時，在你打呵欠時，智慧都在我們的身邊，擠眉弄眼，讓我們的心情愉快，溫言好語，讓我們心情舒暢。

當然，我們無法看到它，把握到它，卻經常會被智慧的電擊到，事情總是在做著做著的時候，無意中便靈光一閃，很多道理被逐漸領悟到，生活的、人生的、工作的、情感的，許許多多道理會突然一下子閃現在我們的腦海中，從最淺顯的營養要均衡，到深奧的緣起性空，我們終於可以不必藉助經典來體驗到智慧本身的能量，那份感覺很真實。

有位疲憊的母親抱怨：「我的孩子太調皮了，又不聽話，每次都要訓斥他半天才會乖乖去做功課！」可是另外一位母親卻說：「我兒子非常乖，每次玩耍和做功課前都要跟我溝通一下，我們會相互說服對方，這讓他一直保持著很清醒的頭腦。」

兩個母親對孩子做功課前的抱怨有著完全不同的理解，帶給孩子的壓力也完全不同。所以第一位母親覺得自己被生活折磨得痛苦萬分，孩子也逐漸因為訓斥而壓抑和沉默，而第二位母親卻讓孩子學會了理性思維和表達。

生活中來去坐臥無不是智慧。因為生活都是由細小瑣碎的事情組成的，即使如佛陀這樣的智者，也被認為是「若來若去，若坐若臥」的形象，可是我們卻可以拋開俗世的煩惱觀去看待這些紛繁的事情，「無所從來，亦無所從去」，無論事情多麼複雜，舉重若輕，舉輕若重，保持著對事態平常心的淡定，那是非常不容易的事情。

《金剛經》中的智慧雖然令無數人頂禮膜拜，但畢竟經書用語深奧，讓無數人不得其門而入，即使如須菩提說的，這是一份如此珍貴難得，聞所未聞的智慧，可是，珍寶愈是稀有，就愈是預示著，想要得到收穫更加困難，所以，世世代代，人們虔誠恭敬，細枝末節，一點點去理解金剛經中的智慧經句，解讀和領悟，希望能夠讓自己這凡夫之軀、愚鈍之心得以豁然開朗。所以，在日常生活中，能夠隱約領悟到一些經中的智慧，那是非常值得慶幸的事情。

正因為這個過程非常艱難，結果導致很多人放棄了對佛法的追求，畢竟如此漫長的追尋之路，在很多人看來，或許又是一種違背佛家智慧的「執著」呢。

智慧的確是存在著限制的，必須經過一定的波折與磨難才能獲取，但是智慧本身，卻並不是難以理解的神秘現象，即心即佛，智慧藏在我們的心裡，人人都有佛性，人人也都有智慧，我們不要把「佛」理解成那些光禿禿的腦袋，笑瞇瞇，可愛又瀟灑神秘的僧人，他們不是佛；也不要把佛等同於神通廣大，動輒降罪的神靈，這種超乎常理的存在，與我們的日常生活似乎還有很大的距離。

智慧又是什麼呢？是菩提心嗎？還是涅槃的至高境界？或者是離相之相的空無？

其實真實的智慧，正如經中所說，如夢幻泡影，如露亦如電，智慧似乎是一切，又似乎什麼都不是，它藏在我們生活中的每個大大小小的事情中，卻又看不到任何痕跡。佛法說：人人皆有佛性，其實也是在闡明，人人都有智慧，只是境界高低有所不同而已。

智慧之所以存在，並且為世人所珍惜，其實在於它來自生活，卻有更深刻的提升，能夠指導我們看懂生活，參透生命，領悟到宇宙時空的一些規律與奧秘。這種說法其實有點像對所有哲學思想的概括，事實也正如此，佛的智慧是眾多思想中的一支，也不是自虛空中平白無故製造出來的，更多的是一種總結和思考，正如當今眾多的人開始思考佛教中的諸多問題，我們在此不批判，但是我們相信，在每個人的身邊，其實都蘊藏著一些智慧的種子，在我們思想的深處，有很多原本可以化解愚癡，引導我們的生命走向一片光明的智慧，但是我們沒有有效挖出掘來，所以我們還是常常煩惱，常常感覺手足無措。

以皈依佛門，日日誦經研讀來覺悟，獲取智慧，並不是人人適用的方法，那要付出極大的決心與代價。而凡俗世間，庭院、臥室、書房，處處皆道場，同樣可以修持心性，領悟佛陀透過古怪的印度邏輯而為我們描繪出的一個另類的世界，以及不同於我們傳統的、見賢思齊的學習提高方法，佛陀建議我們逆向入心靈深處，洞透內心，向自己學習。而這種奇妙的思維，在融入儒家的中庸之道、道家的順任自然的智慧之後，會別有一番特殊的深意。

我們可以繼續很無聊地問一個老問題：為什麼儒、釋、道家中，那些創始人，智慧的老者，都選擇在兩千多年前，將自己的思想和知識體系化，向世人傳達他們的智慧？而歷經數千年，為什麼這些智慧居然依舊能夠深刻打動我們心靈？

在此請注意兩個共同點：

首先那些創始人都是老年人。或許人的智慧就是需要經過多年的積澱，從蒙昧的孩提變成稍通事理，最終才能形成圓潤通達的智慧。一個年輕人的經驗與思考，是敵不過時間考驗的，而這些老者，都是在六十歲以後才開始自己思想的頓悟與總結，面對生活中無數現象進行質疑與思索，逐漸發現一些特殊的規律，關乎道德人倫、社會規則，宇宙時空，並且用自己超乎當時時代的文筆與嚴謹思維進行總結和傳播，最終建構出一整套完整的理論體系，令後人百般追隨和探討，依舊回味無窮。所以只有成熟的人，才能形成成熟的智慧，這些智慧，與其說是人類共同的財富，不如說是人們一代代對生命反省與提升的延續，都是來源於生活，我們現在之所以不能深入理解，不是因為不夠聰明，而是不夠知天命。

第二個共同點：直指人心，影響甚遠。經典的東西都很用心，在一個思想的環節上，都給予人無限的思維空間，同時又似乎是從我們生活中提取出來的，儒家講究的仁義禮智信，很能概括一個人內心完美的追求；而佛家的即性成佛，離苦得樂，透過靜心修行，人人能夠進入極樂狀態，並且透過構造出六道輪迴與無邊無際的大千世界概念，令人們耳目一新，全心折服，雖然現代人已經開始幻想透過時間機器轉換時空，超越現實，也是非常具有吸引力，可是在多年前的古人，能夠有這樣非凡的構想，足以讓世人折服；道家更不必多言，大道無為，御風而行，那種神性與流動變化的思想，一樣能令人得到充分釋放。而這每一種智慧都在表達著人們對生命的理解，對生活的感悟，更重要的是，對內心不可捉摸的悲歡離合的一種解釋與控制，讓人能夠在今生今世有所成就。這不正是我們每個人都在期待的嗎？

即使仍然是問這個無聊的老問題，我們還是能夠明白，佛家的智慧，與眾多的智慧一樣，來自某些成熟而通達心靈的思索，它明確揭示了直至今日，我們仍然不能理解的許許多多的奧秘，所以我們相信也許真的有另外一個神奇的世界，在溫暖著我們；而在這種信任中，我們會獲得純淨的心靈，平和的態度，和諧的關係與可能的正果，而且這個修煉過程並不複雜，可以選擇在寺院中，也可以選擇在自家庭院中，舉手投足都能修煉，只要起念，就有機會修行。方便實用——如果佛陀到了今日，說不定會如此宣傳。

智慧即生活

智慧很可怕嗎？普通人有辦法在日常的生活中獲得智慧嗎？答案是肯定的。

佛法有一套自己的教育系統，能夠從啟蒙，一直修成最高級別的無上正等正覺，其分法如同現在很多電玩遊戲會分成幾個等級，需要逐步去攻陷，愈是高等便愈是難以攻陷，如果精確化分析，智慧可以等級化。獲取智慧的過程，也可以與遊戲攻陷一樣，要過關斬將才會一點點提升起來。只是佛家中，總有一些異類，不是按照常規的方式來進入各個等級，淺水溺人，有些第一關過不了的人，有可能是蠢材，也可能是跟蠢材接近的天才，這些人甚至可以越過所有等級直衝最高級，也就是所謂的頓悟成佛，雖然很少見到，但也是被佛陀鼓勵的修行方式，因此不得不特別註明。

也許可以這樣理解，愈是簡單的道理愈不容易領悟，這個道理，不知道算不算簡單。

禪宗中有個小故事，有位婆婆供養著一位修禪二十年的行者。某天，婆婆為驗證行者修行，派了名嫵媚少女去為行者送飯，並抱住修行者。少女回來後，跟婆婆說，行者一臉平靜，並不為之所動，行者甚至對少女說：「我如同一棵早已枯死的樹木，屹立在寸草無法生長的石頭上，並處於隆冬之中，毫無感覺，即使妳再抱我三年，我也不會動心。」

婆婆聽罷怒道：「真沒想到！我二十年來只供養了一個自了的俗人而已！這算是什麼修行？」於是趕走了行者，一把火燒了茅庵。

如果一個人為了修行，連真實的心性都迷失了，還會有什麼智慧呢？智慧不是滿口佛法慈悲，無欲無求，而是吃喝坐臥中都愈來愈清晰的本心與率然。智慧怎麼會是憑空冒出來的？在我們日常瑣碎中，到處都有佛法的影子。義玄禪師說過：「佛法無用功處，只是平常無事。屙屎送尿，著衣吃飯，睏來即眠」（義玄禪師，馬祖道一的三傳弟子，臨濟宗開宗禪師）。按照這個道理，看我們每天其實從睜開眼睛都在練習佛法，也許很少人意識到，自己拿著那個碗吃飯的時候，居然也是在修煉佛法！

蒙昧的人自然不會有這個領悟，就像要成為九段高手，只有先熟悉遊戲規則，進入遊戲狀態，獲得遊戲身分，在沒有領悟佛法之前，我們吃飯是為了飽肚，穿衣為了蔽體、保暖，睡覺為了解乏，而最奇妙的地方便是，如果瞭解了佛法之後，還是飽肚、蔽體、解乏，這個自然的感覺仍然很重要，不去刻意將生活扭曲，順著自然的力量，一樣平常無事地生活，只是心中更加通透，看問題更有了些深意，雖然是同樣的舉止，卻已經帶上了不同的光芒。山還是山，水還是水，只是眼神變了。

佛法修煉分成五乘四個階段，人乘、天乘屬於對鈍根之人的啟蒙教育，是為了能夠實現佛法入門，超凡入聖；聲聞乘是對小乘根性者的初等教育，修四聖諦，緣覺乘，是對中乘根性者的中等教育，這兩個等級都是為了能夠脫離生死，超越輪迴；而菩薩乘，則是對大乘根性者的高等教育，只有成為菩薩的修行者，在此階段發信成佛，修六波羅蜜，方能證悟成佛。

對我們凡人來說，也許只有在人乘、天乘的階段中便停滯下來，但是佛法不排斥任何一個人入門學習，我們自然也不必驚懼是否能夠進入其他的階段，啟蒙教育修習好了也算是個好學生。

對佛法的世俗理解，我們基本上也是在人乘、天乘這個領域範圍內討論，特別是在生活狀態中的學習和證悟，更值得珍惜。人們在不同的認知階段是會出現不同理念的，根據入門佛學的程度，我們可以用遊戲中的九級概念，來驗證自己在生活中的領悟程度。

初段與九段的人在看待外界人與物的狀態上，應該是有些相通性的，很自然，很本能，不刻意，初段是還不懂得控制，九段是不需要再控制。然而正如母雞和鳳凰都有翅膀一樣，卻在高度上相差了十萬八千里。初段會被任意一個小問題嚇趴下：

與親人吵架怎麼辦？

事業沒有起色怎麼辦？

長期纏綿病榻怎麼辦？

看似平常的問題，其實卻是牽動著每個問話者的千百般情感，每件事情都似乎可以糾纏很多的淵源出來，傷心、失望、沮喪、痛苦，都會隨時衝進自己的生活，佛法對初段來說是解脫的一個依託，還沒有上升至正信與修行的高度，此時的解答者，可以類同於心理諮商師。

隨著對眾多問題深入的思考與領悟，加上一定言行的控制與靜修，二段的人會感覺到解決問題是更重要的，對行動力的信服開始超越純粹的求助，因此，同樣的事情會改問成：

親人之間如何才能和諧？

事業上要懂得哪些要義？

疾病該如何面對？

第三段的修行者會開始得到一些領悟，明白一些規則，懂得一些空性的概念，並在思考世界，反省自己的時候，透過正與反的角度來理解，不再執念於發現與解決，而是思辨與回味，同樣的問題可以變成：

親人之間不應該吵架嗎？

事業上不應該沒有起色嗎？

長期臥病又該如何？

許多懂得思辨的人，最後能夠進入高等學府成為研究人員，因為他們能夠在逆向思維中，發現事物背後更多有意思的原理。當然，對於宗教的思維，此處遠遠不是重點，反省過後，正如暴風驟雨突然的轉折，會雨過天晴，重新回到人性的關照中來，慈悲與愛，需要照耀每一次生活中事件的出現，遇到同樣的事情，第四、五、六境界的會說：

親人間何須吵架。

事業起色源於捨。

凡病有本因，不可惑。

從問句轉變成陳述句，代表了關於生活事件的不同看法和出發點，所謂煩惱無限，但是真正煩惱的，是那些不曾將問題看透之人，一旦問題都認識清楚了，事情便不再那般坎坷。當然，這個認知不是閃念而過，而是真實的發自內心的理解，並且形成一種生活的習慣，眾多懂得慈悲的人，依舊忘不了煩惱，到了問題關鍵的時候，還是會回到最初的焦慮，乞求能夠有個捷徑幫著把問題迅速解決。

進入第七、八層境界的，或許應該是那些已經將世界上煩惱看透，轉而又淡如流水的那類人吧，煩惱便是煩惱，不必太過於拘泥，只要心中能夠把握每件事情的來龍去脈，該如何辦理就要如何辦理，心中不再焦躁，了無罣礙，順其自然，依舊是平常的生活，所以，煩惱不再是煩惱，而成為認同與肯定：

親人要吵架。

事業可以沒起色。

疾病本就是纏綿的。

最高層次的九段高手，實在是難以猜測會如何面對這樣的煩惱，也許其生活中本來就沒有所謂親人的概念，事業也不會有好與壞的區分，疾病只是一個幻想，一個迷惑，只要經過精進修煉，無論遇到各種困難，都可以進入禪定的寧靜喜悅，離欲清淨的狀態。經由這樣的狀態，便可以逐漸提升到超越生死的更高境界，那時候，已經不是我們凡人能夠再用體驗表述的狀態了。

第二章 看透虛妄，看淡苦樂

凡所有相，皆是虛妄，若見諸相非相，即見如來。

有佛可以生活，無佛也可以生活，而無智慧卻空洞如泥中竹竿。是否曾恍然感到這凡身肉胎最不瞭解的乃是蒙昧頑固的內心，那麼在乎的事情與所謂原則，究竟為了什麼？因得到而喜不自勝，為失去而悵然悔恨，不堪一擊的是我們的心，還是我們的智慧？

如果一個人能常常在紛繁複雜的事件表象背後看到其本質，那很了不起，這是一個聰明的人；如果一個人能看透本質，又能把握好自己的判斷和情緒，及時做好調控和安排，那這個人就很不簡單，肯定是一個非常有智慧的人。

表象易看透，卻很難看淡

我們需要的就是這種能看透，又能看淡的智慧。

很多事情，其實我們是清楚的，只是難以一下子說清楚問題出在哪裡。有位富有的張小姐，生了一張巧舌如簧的利嘴，看到身邊眾多朋友都在信仰佛法，衝動之下也皈依一位師父，但是卻無法管住自己的嘴巴，常常在人前講一些是非，哪位家裡出了一些糗事，哪位朋友又在欺騙她了，哪些人非常愚蠢地講了些什麼話，而自己又是如何如何有見解等等。

師父有一天讓大家坐好，誠懇道：「語言如肥皂泡，本無色彩，卻因欲念不同，生出了爭執心；自己未必是鮮花，他人也未必是豆腐渣，言多必失，心利則言尖。今天你罵他，明天他罵你，個個是豬頭，有什麼道理！」

生活中這些有意無意說「小話」的人真是大有人在，在貶低別人時抬高自己，也獲得極大的心理滿足。雖然是人言可畏，可是將表象過度誇大的人，其實並不見得是明智之舉，這世界上真正愚蠢的人並不多見，但凡有常規生活經驗的人，大多能很清楚知道對方說的哪些話是真實的，那些話是虛偽的，久而久之，便會敬而遠之。所以不要自以為自己聰明，其他人都被自己的言語影響。

只是有智慧的人，對這些是是非非的淺薄見解，大多一笑置之，不予理會。佛家說，我們身邊的這些各種各樣的事情，都是虛妄的，空的，所以我們不要在這些事情上太過於執著。可是很多人就不明白了，我們的生活明明是非常具體的，吃喝臥坐，自己都是能夠感受得到的，喜怒哀樂也是能夠感受得到的，怎麼會說我們生活中的各種事物都是虛妄的呢？

我們雖然生活在一個物質的世界中，但是對我們影響最大，最能控制我們自己的，並不是這些事物，而是我們自己的心。所以你說這些東西都存在，是正確的，但是一旦人瘋了，失去了正常的辨識能力，或者人死了，肉體不存在了，那這些物質的存在與你又有什麼關係呢？

與自己無關的世界雖然是存在的，但是卻無須在意與關注；當然，即使是與自己相關的世界，實際上依然無須過度在意，萬事萬物有其自身的發展軌跡，春來草自青，雁過無留意，我們順應著這些看不見的軌跡，平靜愉快地度過自己的人生，是不是更好呢？附加在人身外的那一些名利牽絆，愛恨情仇，又何必那般執著呢？王侯將相，富豪貧民，最終都免不了一死，我們這一世的生命，能夠活得如何，不是因為我們能得到多少，而是我們能領悟到多少智慧，我們的心，我們的態度，才是真的區分人我不同的標準。

有人問，這世界上有哪兩種人？聰明人說：男人和女人，智慧的人卻說：智者與凡人。智者樂天知命，隨心隨性，看淡苦樂煩惱，所以面對紛繁大千世界，活得純粹，笑得坦率，睡得踏實，一樣是日日三餐，呼朋引伴，卻卓然獨立，平和自信。

凡人卻無法從千絲萬縷的塵世中清醒的領悟：從小時候沒有好玩具開始煩惱起，到沒考好名次也煩惱，到後來愛而不能得也煩惱，同儕飛黃騰達也煩惱，總是感覺生活中不如意者十之八九。整個人被糾纏進外界的干擾中，虛榮中，嫉妒中，總是浮躁不堪，焦慮不安，常常說很忙碌，卻常常不知道自己到底在忙什麼。

凡人也會常常思考和領會，卻沒有辦法搞清楚一些觀念，同時做好準備讓自己改變，凡人覺得自己現在很浮躁，很膚淺，生活不如意，也許是因為還不定性，等一段時間後就好了，可是一段時間後，生活依然是亂糟糟的，想恢復原貌，因為沒有找對原因，再怎麼調整，結果還是南轅北轍。

生活中那麼多事情，我們人生那麼多經歷，並不是複雜到我們無法應付，所有的事情，我們都是逃避不了的，所以都要去面對，面對才知道原來解決問題是非常開心的事情。

選擇逃避的時候，我們其實常常禁不住要感覺到煎熬；但是面對問題時，卻能找到踏實的感覺，只要全神貫注到事情中，調整好呼吸，放輕鬆心態，所有我們經歷的事情，都是值得輕鬆愉快面對的，眼光要盯著如何不斷去調整，讓自己更加投入，放鬆和享受這個事情，而不是盯著身邊的人又變成了什麼樣子。

人與人彼此之間適合溝通和借鑑，卻不適合爭個高低輸贏，別人一樣也在提升自我，那是在對自己的生命負責任，這是任何人都阻擋不了的，所以要尊重他人，同時做好自己。

我們不僅僅要學會辨識事物真相，也要同時學會看淡生活中的各種複雜事件與關係，要學會寬容心態，輕鬆生活，能真誠去面對自己和別人，這點很難做到，對別人真誠還能勉強，不說假話，不打誑語，推心置腹，兩肋插刀；但是卻很難做到對自己真誠，誠懇面對自己的優點和劣勢，誠懇面對現狀做出決策，誠懇對自己的行為做出判斷，改正錯誤，持續遵循智慧與規律。

要做到這些太難了，很多人對自己的評價都是有失公正的，要不就是覺得自己好得一塌糊塗，要不就是覺得自己一無是處，所以一旦聽到外界有關於自己的評論，就非常敏感。同時也顯得缺乏自信，因為他覺得那些評論對自己會有很大影響，說好聽是愛惜名譽，不好聽的話，其實是不清楚自己究竟是什麼樣的人，所以非常在乎那些所謂評論。自己是什麼樣的人，是別人說出來的嗎？不要去盯著那些無聊的人煩惱，因為他們決定不了你是什麼樣的人，你自己才是決定者。

對自己思想上真誠是非常重要的，我們常說，要把自己身上的佛性找出來，修煉好，其實我們找的這個佛性，就是我們內觀心靈，發現的那些純淨的真誠，那些不會被環境和苦難泯滅的大善與智慧。

生活中很多事情我們都懂得，愛恨情仇，眼淚歡笑，都清楚這些膚淺的情感背後，是內心中多麼掙扎的矛盾與悲哀，可惜的是，很多人能聰明地看透這一切，卻無法將這些情感看淡，甚至會使這種情緒更加強烈地留在心底，控制著自己的思想和生活。為一些所謂的面子，一些虛無的利益，一些得失的情感，讓自己變得斤斤計較，睚眥必報，甚至喪失本心，變得貪婪而陰險。

看淡的情感，其實不是一味地不再計較，而是讓自己看清楚生活的本質，我們的生活，不是僅僅由利益、虛榮、利己組成的，還有更多更有意義的事情，被人騙了錢，偷了東西，心裡固然非常氣憤，可是莫非要去找小偷理論一番或者痛打對方一頓嗎？如果覺得有必要，可以去報警，然後把事情交給警方處理，自己理清楚緣由，下次不要再發生就可以了。

人應該多花些時間讓自己想通得失，平衡心態。財物不是離開就不能存活的，有些丟失，可能會暫時帶來一些困難，但是在某種意義上卻是種施捨，也許能夠增加自己的善緣，更重要的是，能夠讓自己再次審視財富、健康、幸福對自己究竟具有什麼樣的意義。

很多高僧一缽走天涯，浪跡中，沒有錦衣美食，沒有財富情感，但是卻歡暢無比，也許我們很難理解這是一種怎樣的「自虐」，卻可以清楚，人生的幸福與快樂，其實可以與財富、與朋友夥伴沒有任何關係，外在的幸福與快樂，終究是短暫的，而內心的充實與真誠，卻是永恆的快樂源泉。

放開那些執著的得與失，愛與恨，嫉與妒，看到內心深處更澄明、更悠遠的追求與幸福，那時候，你才是有智慧，不會被「境」所左右的完整之人。

因為有「我」，才會失落

也許你會覺得奇怪，為什麼一方面要讓自己發現「自我的內心」，另一方面卻又要拋棄「我」呢？其實這不是相互矛盾的。

內心的自我，是你真實的領悟與善良，隱藏著你自己都不曾發現的快樂與追求，而這些快樂，都不是建立在侵犯別人或者剝奪自身正常需求基礎上的；而另外一個「我」，卻是事事站在自己的角度上，事事把自己看作主角與當事人，以至於疲憊不堪，憂勞孤獨。

你是不是經常會為自己的哪個朋友不理會自己而難過，為某一次別人的忽視而隱忍氣憤？這樣的事情我們常常會在生活中遇到，如果你不是因為把那個「我」看得太重要，又何必為一點莫名的誤解，為自己沒有被照顧到，沒被重視而感覺到失落不悅呢？

我們太把自己當回事兒，以為這是在堅持著自己的自尊、自重，但，卻恰恰因為這種過度的介意，而傷害了別人給予尊敬的可能。一個懂得淡然處理不合理事件的人，是非常有器量，

也夠智慧的人，而那些貌似一時光耀四射，毫不掩飾鋒芒，過度表現自己重要性的人，卻是周圍人都厭棄的人。

愛耍小聰明的人常常沒有好人緣，或者不會有非常知心和可靠的朋友，因為周圍人的信任和耐心都被這些小聰明給消磨掉了，誰會對一個隨時都要求自己去重視他，尊重他，遷就他甚至至要迎合他的人日日真誠相處呢？如果你的周圍真有這種人，那要小心，此人絕對居心叵測；將心比心，如果別人這樣要求自己，那是萬萬做不到的，那麼自己這樣去要求別人，又如何能贏得如意的生活？

我們身邊的確有很多人，生活在趾高氣揚，目空一切，虛妄無知的世界中，當然，這些人是很少意識到自己這些問題的，相反，他們會為自己能夠堅持原則和想法，能夠維護自己性格中的「真誠」而沾沾自喜，他們認為這樣的舉動，是成功者的選擇，他們對身邊的人，缺乏必要的耐心與誠懇，因為在他們的世界中，只有自己以為的知識才是準確，自己清楚的道理才是值得遵守的。

身邊的人，對他們來說只是具有某些象徵，存在代表著一定的意義，卻不是值得珍惜的親人或者友人，這類人很可怕，他們常常會習慣性地指派別人去做一些事情，或者習慣性貪圖一些便宜，奇怪地是，他們覺得理所當然，甚至頗為享受，如果是循著佛法的思想，他們甚至會以「這些人上輩子欠了自己的」，作為搪塞的藉口。

這種自大而虛妄的人，最終生活會變得非常不順，因為把「我」看得太重要，把脾氣和利益看得太突出，最終會失去這一切。正如抓沙子，愈是千方百計要握在手裡，就愈可能變得不可控制。試想一下，我們生命中不可能只有自己，我們會有自己的伴侶，會有知心的朋友和師長，你只是在乎，這樣的言論和舉止是否對自己形成傷害或者讓自己舒服，而不去關心別人的感受和需要，這種交往始終是不對等的，也無法順利進行下去。

我遇見一個女士，很漂亮，也有不錯的才華與氣質，然而年近四十卻未能如願步入婚姻。她常常抱怨，生活很不公平，怎麼沒人發現自己的優秀，又或者自我慨嘆，是不是天妒紅顏？事實上，我跟她說過，妳的心態很不對，妳從未發現自己有什麼不正確的地方，卻總是埋怨老天沒有給妳機會，好好反省一下自己吧！

以前曾同室居住的朋友反映：她從來不會主動打掃浴室和廚房；又極愛挑剔，特別是朋友聚會的時候，似乎每個人在她眼裡都是庸人和傭人，評頭論足，指指點點，甚至還感覺，享受別人的照顧，才能顯示自己的身分與重要。這樣的一種心態，將自己與他人截然分開，所有的交流、饋贈與照顧總是來而不往，即使再熟悉的人，也會厭倦；再親近的人，也會寒心。這是典型的「自我」型人格，把自己看得重於一切，恨不得所有人都將自己當成公主侍候著，崇拜著，而自己卻不需要付出任何代價。

這種心態與行為的代價，在當前這個社會，付出的將更加慘重，她最終會被眾人離棄，即使有簡單的接觸，卻也不會跨越信任的界限，沒有人願意跟這種人過分親近，所以她身邊的男性走了一個又一個。

人總是生活在一個互相尊重與平等的氛圍中才能維持長久，一個骨子裡把自己奉為最重要角色的人，把自己的思想、觀念、財物等等看得異常重要的人，會不得人心，也不會贏得真正的尊敬。所有人只會敬而遠之。

最終，那些自己千方百計留住的東西，也會散盡。青春會流逝，金錢會用完，萬般的傷心與無奈，也無法挽回已經失去的一切。所謂「可憐之人必有可恨之處」，那些整日戚戚艾艾，孤獨可憐的人，其實，有太多需要反省的地方，你不想把自己從「我」中釋放出來，不願放開自己苦苦堅守的那些無聊的得失成敗、尊嚴原則，就永遠不會讓自己的生活有所改變，甚至還會把現在的生活弄得愈來愈糟。

一般人都不喜歡那些瑟縮在自己的世界中，也只關心自己世界的人，我們的世界本來就充滿如此多的費解與誤解，如果自己不能再及時從自我、自私、自卑、自憐、自欺、自負的影子中走出來，那就將注定你會逐漸變成孤家寡人。因為沒有人像你在乎自己那樣在乎你，而你卻緊緊抓住那點可憐的「我」在與開闊的外界對抗和撕扯著，最終矛頭會指向你自己。

請放下這些執著，看淡自己的重要性與那些堅持，隨性一些，隨意一些，愛自己，卻不溺愛，一顆包容、勤奮、靈活而純真的心，會讓人生有了真實的快樂和滿足。而智慧，其實又是何其簡單。

還是別太拿自己當回事了吧。

苦難更值得品味與珍惜

也許沒人想過，自己的生命中最好能多吃點苦。我們中的大多數人，都希望能夠盡量少吃一點苦頭，祈禱上蒼保佑能一切順利，不要生太多波折，免得又吃苦頭。

說也奇怪，凡人天天害怕苦頭，祈禱它們不要來找自己，卻日日苦不堪言，疲倦而痛苦；而懂得智慧的人，卻千方百計去尋找一些苦頭吃，來不斷強化自己對智慧的領悟和對生活的累積，而最終，苦竟然會成就無數輝煌。

這個問題並不難，只是我們認知上並沒有確認，吃苦，應該算是一件幸運的事情。

苦是什麼呢？無非是多一些的勞累，多一些的汗水，多一些的思考，多一些的枯燥和堅持，可是，這些是「苦」嗎？我們在看一些自己喜歡的影片、小說、玩線上遊戲、聊天的時候，時間總是飛逝一般，我們的眼睛也許很疲憊，我們的身體一樣期待著休息，可是，我們的精神卻不感到任何疲倦，我們被劇情吸引，被情節迷住，被笑聲感染，所以再久都不會覺得厭煩；然而，若是不喜歡做一件事情，卻要逼著自己日日堅持，那真是地獄一般的生活，一定會呵欠連天，腰痠背痛，抱怨不斷。

什麼原因呢？我們感覺到苦，其實不如說是我們在恐懼和逃避，恐懼那些陌生與無法征服的事情，我們的心在抗拒親近它，接受它，面對它，並且千方百計的設法逃避它。

我們也許能夠舉出無數個歷史上的偉人，甚至包括我們當前身邊很多比較有成就的人，在童年的時候，都經歷過悲傷、離別、寒酸、侮辱、饑餓與誤解，對很多人來說，這經歷充滿苦難與傷感，以至於在未來的日子中埋下眾多的陰影，會恐懼那些對自己來說不是非常有優勢的領域，而無法躲避的疾病、愛而不能得、生活及社會帶來的壓力等等，就只好苦澀地承受，這是多麼淒涼的一件事情！

我們常常這樣感慨，可是，要知道，能感覺到苦，是我們的心已經在做出決斷，這是苦的；而沉浸在「苦」中，無法掙脫和改變，那是真正的把苦的種子紮根發芽了！

在美國《時代》雜誌評出的全球十五位對社會有巨大貢獻的傑出企業家中，李嘉誠先生也赫然在列。提起他的經歷，沒有人知道，當年不足十五歲的李嘉誠失去了父親，又在人生地不熟的香港，為了養活自己的母親和三個弟妹，輟學從一名推銷員開始做起，一邊打工一邊讀夜校，逐漸發奮崛起的事蹟。

一個自立自強，敢於忍耐與進取的人，會將苦難當成最好的修煉道場，不僅不會埋沒自己，甚至會當成鳳凰涅槃前的浴火過程，愈是大的苦痛，愈能夠激發強者內心的潛力，達到更高的修煉效果。

但更多人在困難面前，是非常怯懦的，稍遇不順，便妄圖結束生命。佛教認為人生中有很多苦，生苦、老苦、病苦、死苦、愛別離苦、怨憎會苦、求不得苦、五陰熾盛苦，可是這諸多的苦，是因為活在人世，如果沒有了這生命，我們也沒有了諸多的苦，可是隨意放棄這生命，並不是解決苦難的選擇，人道輪迴中，能夠得到一次人的生命，是多麼難得的機遇！

宇宙洪荒，悠悠數年，從一顆小小的胚胎開始孕育，直至成為一個完整的、有感情和思想的生命，這是非常不易的。佛教中曾經深刻闡明，能夠在無數時空輪迴中轉生為人，這種機會是非常渺茫的，如同有一隻瞎龜，在茫茫汪洋中，要剛好遇上一塊浮木，這塊浮木上必須又恰好有一個小孔，這樣的機會已是少之又少，而這隻烏龜的頭又要恰好能從浮木孔中伸出來，這樣的機會真可說是難上加難。

這諸多的苦難，又會讓很多人望而卻步，感覺悲苦無比，可是，聰明的人，你想過嗎？其實我們身邊很多人都是有煩惱和困難的，可是為什麼有些人能夠從容和愉快地活著，無論遇到各種困難，都不會沮喪悲觀，情緒失控，怨天尤人呢？而自己卻會被一點小小的煩惱纏繞住，變得無助、狹隘、可憐、厭世？

每個人面對困難的態度都不一樣，有些人歡迎困難，就如同在群體中，能夠承擔重責的，永遠是那些樂觀積極的人，而困難也會因為不斷地去面對和征服，讓一個人逐漸增強對生活與自己的信心，所以勇於承擔責任的人，也最容易成為群體中的佼佼者。

平靜地面對困難，開心地迎接苦難，堅韌不拔地克服苦難，這是我們能夠逐漸改變自己生命狀態的一個重要密碼。

遭逢苦難，生離死別，人們悲傷是難免的，可是卻於事無補。而人的生命一旦能夠得到延續，就會在日復一日中感受到各種瑣屑與煩惱。喜歡的事情，會被當成心裡的安慰，不喜歡的事物，會被當成遭殃和倒楣，可是我們的生活，遠沒有喜怒哀樂的表情或者心理感應那麼簡單，在各種紛繁的事情背後，有眾多的原因與可能，我們除了不停去認清事物更本真的原因之外，還要去真切感受到，困難和悲傷，不是我們的敵人，而是與快樂一樣，是我們的朋友，無論在我們的生活中遇見各種事情，各種不能承擔的痛與苦，都要勇於去面對和認識，去接受它們給我們心靈帶來的洗禮和磨礪。

苦難不可怕，可怕的是我們自己把這些生活中無盡的痛苦，當成是洪水猛獸，無法逾越，也無法從中獲得智慧與成長。佛法中要求修行者要達到成佛心願，需要遵循六波羅蜜的行為配合，這六度的行為：佈施、持戒、忍辱、精進、禪定和智慧無不需要具備強大的精神和意志，忍受種種苦難，並且能不斷堅持，最終才能實現真正的智慧。

正如沒有任何成功是能輕鬆獲取一樣，苦難往往能給人更深刻的教育與引導。在很多偉大的歷史人物身上，我們常常會看到，他們從艱難困頓的環境中逐漸成長起來，變得無比堅強和樂觀，比具備優渥條件的那些人更能承受各種困難，對普通人不能承受的艱難工作、風險壓力，挫折打擊，都能夠表現出難以想像的承受能力。相反的，處在優越環境中的孩子，卻常常會因為一些瑣碎的煩惱和挫折，變得自暴自棄，鬱鬱寡歡。

這是苦難的賞賜。在西方的心理學中，很強調把人的滿足感進行推延，用這種方式來強化心性的成熟。其實面對苦難，征服苦難，然後再去品味苦難過後的滿足與充實，也是一種類似於推延滿足感的做法，只是佛教中強調人們可以透過對苦難的理解與超越，最終實現「離苦得樂」；而在心理學的理解中，人們可以藉由苦難來磨礪意志，培養責任感與承擔的能力，最終實現心智的成熟。而成熟，正是一個人在生活中最重要實現的目標。

成熟的人再去面對苦難的時候，就不會再是膚淺的逃避與哀嘆，而是微笑著，用積極的心態去面對它，用愉快的方式去解決它，最後，發現從各種苦難中走出的自己，變得寬容、通達、自信而且能幹，敢於面對各種困頓與悲苦，並且具備一定的實力來掌握自己的命運。

但願終有一日，你我都能成為這樣的人。

人人可以活得快樂和特別

人在六道輪迴中是特別的，是唯一能夠修禪定、出家、持戒、修行、了生死、成佛的存在。所以《涅槃經》說：「人身難得，如優曇花」。

對人世來說，每個人都是獨特的，世界上沒有兩朵相同的花，也沒有兩個相同的人，我們的心都是帶著不同的夙願與因緣來到這個世界上的，我們有不同的家庭和環境，有不同的面貌和思想。我們的身軀包裹著思想，無法洞悉與把捉，卻也因此神秘無限；而每個人的特別，更多的也是因為來自這個身軀下的思維與靈魂。

很多人說自己的命好苦，既沒有生在富貴的家庭裡，也沒有那麼些天賦的本領，書也讀得普通，工作找得普通，家庭也很普通，生活平平淡淡，沒有什麼特別的地方，這有什麼好值得慶幸的呢？

那真的要值得恭喜啊，你看你一直平安活到現在，無病無災，家人平安和諧，這難道不是福分，大富大貴中也有無數巨大的風險和壓力，這個時代，能夠保證衣食無憂，舉家平安，換作在百年前，便是大富大貴的人家了，幹嘛總是把眼睛盯在那些時代的佼佼者身上呢？

看到人前風光的一面，你對他們人後悲傷的一面又瞭解多少呢？知足者便是命好，順應天命，勤謹生活，吃得香，睡得踏實，這不正是神仙也嚮往的日子嗎？

有朋友甚至會說，我長期來一直承受著病痛，甚至父母也早早離世，一個人孤苦伶仃，忍受百般煎熬，你說活著還有什麼快樂可言呢？

那我更應該恭喜你，如果上蒼已經無情奪去你很多人世中的小部分，卻留住了你寶貴的生命，讓你能夠有機會看到日落月升，川流浪奔，聞到花香，聽到鳥語，你要知道，這是一種多麼大的眷顧！

對很多生靈來說，他們能夠得到這一切都是非常苦難的，比如你早早離開人世的父母親，如果能用病痛來換取在這娑婆世界的生命和情感，我相信他們也是願意的，可惜他們沒有機會。而這人世間，即使人再如何珍惜，都只有匆匆幾十年的時間可以盡情享受，不要去想與別人相比，自己是多麼地不幸，那是他們的生活，而我們短暫的生命，才屬於自己。

我們的一生，沒有任何一個人能夠替代我們，我們積下來的德與善，也是任何人都搶不走的，同樣，我們的惡與執著也是任何人無法驅除的，一切的累積和力量都需要靠自己的領悟和行動去獲取，所以，在生的日子中，每一天都很重要。

不要以為我們學會快樂地面對自己的生活是無關緊要的，其實愉快的心情，能夠改變我們對生活的看法，能夠讓我們的心靈感應到更多的愉悅、自由；而經歷過一定的痛苦之後，我們的愉快不再是膚淺的享受與沉溺，而是在平淡與寧靜中逐漸傳遞出的一種輕柔的滿足與舒暢，伴隨著身體的自然呼吸，精神也會呈現出一種無我無他，無掛無礙的感覺，既不極端，也不張揚，既不壓抑，也不狂傲的美妙感覺。那時候，你會發現自己的身體裡，彷彿會有絲絲清風，淡淡馨香，無聲無息地在撫慰我們的心靈。

這份愉快，與我們在日常生活中不斷去強調的，要快樂，是不盡相同的，這種快樂不見得是開心地大笑，甚至可能只是嘴角的微微上揚，也不是對自己獲取認同後的自滿與虛榮，因為那個時候，你甚至會感覺到這份快樂來自於生活中的每個與自己相關的對象與人，他們都值得你感激和分享，而且，這份快樂會非常持久，非常溫暖，也非常寧靜。如春風拂面，如細雨潤物，一點點滲透進心靈的深處，讓自己變得不再焦躁不安，也不再執著那個渺小的「自我」。

生活中的一切都似乎是重要的，也似乎是不重要的。

我們自己在享受這份精神的寧靜與愉悅之後，能夠更加清楚地看清生活的很多秘密，看清生命的很多道理，而對生命本身的把握，也增強了更多的信心。同樣的俗務纏身，不會讓一個有智慧的人變得情緒失控，更不會讓他變得手足無措，相反，自己身上那份寧靜與從容，卻能夠透過每一個微小的舉止，傳達給周圍的人，所以我們常常會看到在一個團隊中，往往有一個具備較高修養的領導人，就會逐漸培養出一群同樣注重修養的下屬，人們會在團隊中形成一種潛在的約定和習慣，不需要太多言語的強調和表達，感染力依舊會在彼此間得到很好的傳遞。

什麼是真正的快樂？什麼是真正的特別？衡量的標準，不是你的表情是否帶著笑容，不是你是否健康，是否成功，也不是你的財富和你的容貌，而是你的心——是否感覺到真正的輕鬆與寧靜，你是不是真的能放開無數牽絆你內心的恐懼、憂傷、不滿與苦痛？你能否在生活的每天，都感應到心底的那絲微微的甜？這份甜，來自每天充實而勤奮的生活，來自對善與德行的堅持，來自對周圍人的關愛與寬容，來自不斷規劃與實現的未來，也來自對生命的珍惜與尊重。

而能夠做到這一切的人，活得真實而踏實，不會因為欺瞞而恐慌，不會因為作惡而恐懼，不會因為虛度而浮躁，不會因為嫉妒而盲目。過自己最適合的生活，做真正的自己，這樣的人必然是特別的，是卓然獨立的。即使沒有善辯的口才，沒有過人的才華，沒有耀眼的財富和容貌，但是卻絕對有值得託付的德行。這樣的人，也終有一日會成為群體中的佼佼者。

洞透內心，贏得成就

人生難得，而在有限的人生中，應該盡力做出一些成就。

很多人說，「成就」聽上去很嚇人，自己能力有限，實在沒有信心實現什麼成就。

「成就」或者「成功」，遠遠沒有想像中那麼艱難，但卻會是一個相對漫長的過程。如果是幾天便能夠實現的事情，這種成績很難是成就，即使很幸運中獎得了很多財富，這也不能算是成就，因為不是靠著自己的努力和奮鬥艱難得到的結果與榮耀，都是相對淺薄的，是非常容易失去的。

要贏取成就便不一樣，必須忍耐著大多數人無法超越的枯燥與寂寞，要有極大的忍耐力與承受力，更重要的是，要能夠清醒地洞透自己與他人內心中的真實狀況，瞭解何者為應該堅持的，何者為不斷努力的。曾經有人說，聰明的人善於努力，可是有智慧的人善於選擇，一個能夠有所成就的人，一定是一個瞭解自己與他人，能夠不斷忍耐與堅持的人。而佛家注重戒律，其實也是為了能夠讓人消滅心頭的浮躁與淺薄，克制欲念，將智慧盡可能地挖掘出來，有所覺悟與成就。

對每個人而言，成功的概念是不同的，成就也難能有統一標準。那些為世人矚目，萬人敬仰的人，可以是具有成就，也可以是一個普通人。能夠在自己的領域中，有更多的收穫，有更大的進步，也一樣是有所成就的。

有一位熟悉的朋友，家境小康，一直都是個普通的上班族，可是，一天朋友無意中盛讚他的廚藝非常不錯，他便開始深入挖掘自己的這方面的才能，沒日沒夜，努力學習，還到過不少地方去品嚐、求教、學藝，甚至在家人的阻撓與不諒解中，依然非常堅持，隨著對餐飲的深入瞭解，對食物口味和盤飾造型的探索，加上對餐廳的經營、管理等等都有了很深的心得，於是下定決心開了一家屬於自己的餐廳，結果，生意非常興旺，沒幾年時間，還開了很多分店。

這樣一個小人物的成長，可能與龐大的集團成長有一定差距，但是對這位朋友來說，已經透過自己努力，贏得了自己生命中的部分成就。他透過對自己的充分瞭解，承受住各方壓力，忍受各種寂寞與誤解，來堅持自己的選擇，努力探索對飲食領域的知識與領悟，最終才能達到這樣的成就，相對與那些毫無目標或者怠惰慣了的人來說，他是一位值得周圍人欽佩與讚許的人。

有些人是創業者，他們能夠打拚出一個不一樣的生活出來，有些人是守業者，父輩已經打下了很好的基礎，衣食無憂，事業有成，環境輕鬆，要怎麼做才能突破出來，也實現自己的成就呢？

能有這種想法很好，沒有被幸福所蒙蔽，沒有被優越迷惑，也沒有被周圍的奉承吹捧得忘乎所以，而是能夠將前人的成就當成自己的晉身階梯，開始琢磨著超越了，這個心態是非常好的，人不能忘記自己生命的要義，父輩的努力帶來的成就，那是他們的人生修煉與價值，而到了新的一代身上，不能因為這些既有的基礎，便生出許多驕縱與張狂的個性，壞了自己本身的品性與德行。

在成功的基礎之上超越，難度的確非常大，但是可能性依然存在，每代人都有自己的侷限性，超級完美的事物是不存在的，如果對一項龐大的工作進行不斷地改進使之完善，隨著時代的進步，依然能夠守住其一直以來的領先地位，便能夠稱得上是成就了。

隨著自我的成長，我們會發現，大凡是成就，往往離不開前面不斷強調的幾個因素：淡定從容的態度、包容寬闊的心胸、承受苦難的定力、樂觀獨立的堅持，諸多的因素結合到一起，即使是一個平淡無奇的人，同樣可以創下不可思議的奇蹟。

我們身邊有許多的人，開始時並沒有非常突出的表現，但是在持續堅持數年之後，卻能夠非常醒目地站在眾人面前。有人會說，這也許是他因為運氣特別好吧；還有人認為是有不少的貴人幫著他。可是，我們卻往往會忽視，這個人本身具備的一些對生活、對事業、對生命的領悟與掌握。

在閃耀的成就背後，我們要看到他們遭遇到生命的挫折時，是用怎樣的方式扭轉頹勢，要看到他們對生活中長期不變地堅持著什麼，要看他們對周圍人的態度，是怎麼做到追隨者的強烈信任，種種的做法，結合起來，才真正成就了一個不一樣的成就。當然，這個成就的背後，我們還要看他的這份所謂成就能夠帶給社會多大的益處，看這份事業能夠維持多久。

比爾·蓋茲創造了全球電腦作業系統史上的奇蹟，但是卻非常堅定地認為「在巨富中死去是種恥辱」，所以他真正的成就，不是他創造了多少財富，而是他如何慷慨地將自己的財富捐獻出來，回饋給社會，讓更多的人從他的財富中受益。這種對財富的理解，對人類的責任，能夠影響更多的人，給社會帶來更加深遠的意義。

超越欲望，超越苦難，超越了凡人所不能忍受的各種貪嗔癡，而將自己的價值定位在能夠讓自己的心性如何成熟，讓自己的行為舉止給社會和周圍的人帶來多大的價值與意義，那這個人，就不再是一個蠅營狗苟，毫無意義的人了。

古人強調「達者兼濟天下，窮者獨善其身」，只要內心中一直堅持著自己的夢想與原則，堅持著對自我的提升和回饋其他人的信念，就是一個內心高潔的人，是一個有持守的人，是一個不會輕易背叛和受到誘惑的人。這樣的人，即使在自己的事業中不斷受到各種挫折，但是依舊有著強大的力量能夠最終突破困境。

不要失去了自己的本性，不要忘了在工作生活的每一個環節中對自己的提升和修煉，逐漸接近智慧的領域，成就的果實，自然會瓜熟蒂落，落到自己的懷裡。

第三章 修顆隨性自在清淨心

應如是生清淨心；應無所住而生其心。

生活之所以會苦累，是我們總是期待得到，而不是放開；總是期待成為什麼，而不是做到本來是什麼。有沒有想過，當自我暗示說：我就是這樣。此時，內心會升起多少壁壘，來維護這個自己認為的樣子！你執著在自己是棵蘑菇的樣子上，怎麼會瞭解到一條魚暢游無礙的自由！

我們的心想成什麼樣子，我們的生活就是什麼模樣。

悲觀的人常常會認為世界諸多不太平，日子既漫長又無聊，太多不如意的事情，似乎總是纏繞著自己，楣運何時才是盡頭！樂天知命，離欲清淨的人卻很少會去計較生活中的遺憾，反而看重磨礪帶來的修煉機會，當所有人都認為不可能，放棄機會的時候，隨性的人會拋開得失之心，認為找到方便之門，潛心前行，反倒更易突破。這也是為什麼在商界中也逐漸開始推行佛教的一些修行智慧。

出世入世，隨性自在，皆源於態度。

可以期待，不可執著

只要不是天生愚癡，每個人對自己都有夢想和期待，有人希望成為大明星，有人夢想成為學者，還有人期待成為商界大亨。我們在小時候都寫過類似「長大後的夢想」這類作文，其實這是我們透過對自己身邊生活的認知和判斷後，對自己人生方向的一種確定。但是這種方向不是終極目標，事實上這個夢想只是要一個身分，不是要一種生活。

夢想能讓我們更容易找到自己的未來，卻不見得能幫助我們把當前的生活變得吉祥如意。無論是明星，還是學者，是富豪還是平民，即使不是處在同樣的環境中，依然都可以是幸福的人，都可以同樣過著幸福的生活，因為身分是靠著眾多原因達成的結果，但是生活狀態卻是自己選擇的，幸與不幸，存乎一心。

不幸的人即使有了再好的身分，依然是感覺不幸的，因為內心中的糾結和煩惱太多，又不肯放下，把自己綁得緊緊的，什麼都要放在心裡，得失心非常重，這樣的人不煩惱才怪。當然，所謂不幸的人各不相同，每個人在面對自己困境的時候，感慨命運不濟的時候，都是有著不同的理由和原因的。

幸福的人的確基本相似，身分是外在的保障，光環之下，無論別人多麼豔羨，其實都不是從根本上改變自己生活品質的辦法，因為生活是自己的事，吃喝拉撒睡，煩惱苦悶，開心快樂，除非有移魂大法，否則誰都代替不了，要真想事事都管，那事情還真夠多，永遠都無邊無際，無窮無盡。你就去管吧，看什麼時候能脫離出來？所以不妨放寬心，該如何便如何，只要保持住對自己的嚴格要求，不要迷失了心性，勤奮謹慎，盡力而為，事情能做多少，能做到何種程度，都已經不是控制範圍之內的，若是還生煩惱，也是徒勞無益的。

不要執著，扭曲自己，若不能達到目的便不肯饒也不肯放，結果愈來愈鬱悶，鑽到牛角尖中，連退路都沒有了。

幸福的人也懂得知足。欲望總是無窮無盡，好命歹命其實都是禍福相依，多看看自己得到的，心裡就會寬慰很多，貧窮的人要看到自己還是健康的，還有前進的機會；殘疾的人要看到自己還是有生命的，周圍的人也在幫助自己，要心存感恩，不要怨天尤人。

能在世界上活得快樂的人，往往不是最富有或最有權勢的人，而是一些中下層人；在一份網路的調查問卷中發現，平均收入並不高的人往往生活簡單，有規律，欲望較少，小小的收穫就能讓一家人開心，幸福指數非常高；而收入高的人，生活通常比較紊亂，為了打拚生活要犧牲許多正常人的需求，同樣，對周圍人的信任，也不是非常強烈，安全感不高。

暫且不論社會的非良性發展給人們帶來的生存危機，我們每個人對自己身分的嚮往，很大原因是由於不瞭解，遠遠觀望，霧裡看花，總是覺得美妙無比。而美夢成真之後，能否堅持這個夢想身分背後所要承擔的責任與壓力，卻是未知數了。

當我們真誠去面對自己的期待時，要真正領悟到符合自己的、適合自己的生活才是最好的，不要偏執地認為有錢就是最好的，卻可能為了這個不當的目標，把自己的本性泯滅了。

人生是應該有所期待的，人身難得，應該有所成就，但是期待只是渴望和夢想，要敢於隨時做好調整。方向或者定位出現問題，就要即使放下，不必要一昧地執著。

成就能令人生圓滿，但是能夠放開則是對自己生命的救贖。無論是我們自己，還是眾生，都不要強迫任何人去做他不願意的事情。一個不喜歡鋼琴的孩子，強迫逼他從小勤奮練習，長大成為鋼琴演奏家，那是殘害，不是真正的期待；一個投資屢屢失敗的人，不要只是掙扎著為了挽回面子再次去碰壁，而應該痛定思痛，冷靜下來，好好找高人指點下，看問題出現在哪裡，做好調整，結果才能有所改變。

一個偏執妄信的人是非常可怕的，即使是在向火坑中跳都絕不回頭，這是愚蠢。

有一種人，在這個社會中也很常見，對金錢和成就看得太重，以至於為了某些利益，可以放棄尊嚴，放棄家庭親人，包括背叛朋友，在這種人的價值世界中，僅僅是以金錢的多少，地位的高低來衡量是否夠成功，徹底沒有道德底線，這是會受到天譴的。

為了欲望不顧一切的人，已經完全扭曲成一種自私、自我的執念，將所有的不順利都歸因於沒有錢，沒有地位，不擇手段，背信棄義，其最終還是會輸得一無所有，因為違背了人性正常的規範，靈魂已是支離破碎，最後往往落得眾叛親離忍受愈來愈痛苦的煎熬與孤獨。

人應該對一些東西心存恐懼，我們的期待不能違背公眾的秩序與原則，我們的夢想不能侵犯他人的利益。其實苦難並不可怕，我們會在一生中遭遇眾多的打擊與挫折，任何人都可能遇到。可怕的是，我們對諸多問題產生的執著，因為有了這種執念，所以旁人的建議聽不進，意見聽不得，既不去改善，也不想去調整。其實有很多事情會變成到無法收拾的狀態，不是因為沒有辦法改變，而是因為心中固有的理念太多，對自己的所謂見解太過執著，不敢放開緊緊被束縛住的自己，反倒將自己逼進了死胡同。

不是所有的東西抓在手裡就是得到了，丟出去就失去了。如果是自己的，終究會是自己的，不要在這盲目的追求中，為了芝麻，卻丟掉了西瓜，該放手的就要放手，該面對的就要面對，夢想實現不了沒關係，只要遵照自己的純淨本心，勤於反省，人生處處是青山。

不要壓抑，釋放了，就消失了

修習佛法不是壓抑情感，泯滅欲望，忘卻真實的感受。

每個修行的人，追求的都是佛陀所言的澄明智慧。但是不能為了智慧，強調修煉，卻忽略了心中的情緒和感受。

生活中難免會遇到不開心或者喪氣的事，避不開，也躲不掉，然而化解這些負擔，不是人人都能輕鬆做到的。最擔心的是那些為了表明自己具有非常好的修行境界，便自欺起來，故意忍著，一個勁兒壓抑著，不讓難過湧上來，不敢哭、不敢叫、也不敢笑，這不但是對修煉佛法的誤解；也無法到達清淨自在的狀態。正所謂「煩惱即菩提」。

不要去強烈壓抑和控制，其實所有的煩惱只是在我們心靈上的塵灰，輕輕拂一下，釋放一下，也就消失了，但是如果總是故意假裝看不到，不存在，就是偏見，累積多了，變成了對自己不夠真誠的人，因為污垢太多，滲入心靈，自己都會相信那些自欺的方式，最終心就變得汙穢不堪，佛性清淨也就找不到了。

迴避的方式並不能真正排解掉壓力，這不是有效的解決之道，就像對付敵人只是揮了揮拳頭，根本沒有採取實質行動就敗下陣來。

壓力得不到緩解，會自動消失嗎？肯定不會。迴避困難似乎暫時蒙蔽住眼睛，卻不是長久之計，不要害怕在這些煩惱面前，顯露出自己的膚淺，拒絕面對慘澹的現實，比努力解決問題更加淺薄。小聰明和虛榮，是修行的大忌。

我們學佛，瞭解佛法智慧，一定不要抱持這樣一種觀念：只能怎樣怎樣，才表明自己是個領悟到佛家智慧的人。這是錯誤的認知。佛法是教會我們認識自己，領悟智慧，離苦得樂，同時，也是在教會我們學會隨時放下，學會將內心中的掙扎，舒緩成平靜，但是這平靜，不是因為壓抑和迴避現實而產生的，而是真正化解了那些煩惱中的業力，找到解決的突破口，如同流水一般，是疏導出來的流暢清淨，不是圍堵出來的貌似穩定。

甚至一些大學教授，在知識累積與人生閱歷上已經是純熟，平日在同學親友面前都是一派溫和輕鬆的樣子，可是內心中也有無數的掙扎與不適應。有一次一位教授在座談會中傾訴自己所遭遇到的學界攻擊與本身的疾病困擾時，他認為原本那些煩惱是不應該有的，似乎顯得自己不夠智慧，可是不講出來出來，又覺得壓得自己喘不過氣。

智慧不是讓人忍著不釋放，明明是高興，卻不能笑，明明是悲傷，卻不能哭，就是因為覺得那樣做會讓人嘲笑，這樣泯滅內心真實感受的智慧，只能稱為是壓抑，卻全然沒有領悟「應無所住而生其心」的自然與純粹。

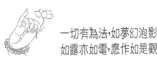

《景德傳燈錄》中有一則對話：

人問：「如何是平常心？」

景岑禪師答：「要眠即眠，要坐即坐。」

來人不懂，又問：「學人不會。」

景岑再說：「熱即取涼，寒即向火。」

平常心是道。萬法皆空，一切都無自性，不過是塵緣幻化，來就來，去便去，不必太執著一些虛無的面子或者尊嚴，才能真正感受到人徹底放下，回歸自然狀態的輕鬆與瀟灑。所以遇到不開心的事情，可以找個合適的方法，如果能夠用行動解決的，要儘快採取行動，如果是需要做好心態調整就可以化解的，就應該分析事件中的來龍去脈，盡力彌補，心中不可有太多執念，得放手時便放手，找個合適的方式去釋放出來，慢慢就能調整過來了。千萬不要在事情發生時硬挺著裝作無所謂，不能欺騙自己，更不要用假話或者壓抑去取悅別人。

情緒的發洩，並不是讓人恢復成修行前的野蠻原型，隨心所欲，為所欲為，而是要找到一種自己日後不會後悔，不傷害他人，不極端胡鬧，不破壞秩序的方式，盡量私人化解決，或者找最好的朋友傾訴，只要能保證宣洩的方式不會給自己日後留下麻煩與遺憾，就可以選擇，否則過度的宣洩，也許會帶來更大的傷害，那樣排解壓力，更加得不償失。

情緒失控的時候，就像一根直立的木棍被扳彎，原本清淨的心，遮蔽上了悲傷的陰影，要恢復自己的方法有很多，可以找個沒有人的地方，痛哭一場，用文字抒發心情，聽音樂，看電影，讀佛經，抄佛經，也可以找個人傾訴，或到郊外去散散步、奔跑等等，讓自己選擇一種向外的發洩方式，不要所有的事情都是一個人扛著，那樣太累，我們不能為錯誤而活，也不能為遺憾而活。遇到了不可避免的事情，既然發生了，就坦然接受這件事，事實上，如果自己採正確的心態看待這件事情，其他人也會跟隨著作出同樣的反應。相反，一旦自己遮遮掩掩，放不開，丟不下，別人也會認為這件事情似乎另有有玄機，於是即使本來沒有事情，都會因為這種故作神秘，變得更加被關注。

自己的手放開了，其他人的關注也已經無關緊要了，不要把自己的生活看得太重要，也不要把自己當成眾人關注的焦點，其實每個人都有自己的生活，誰都不會為另外一個人停駐太久，而真正的好友會關注的是你本人的心靈是否夠自在無礙，你自己是否感覺到喜樂愉快，如果這樣的感受都沒問題，你為自己所選擇什麼樣的生活，別人並不會太在意，也無法介入，那是完全私人的生活，屬於個人行為。

所有的行為都需要有一個節制，這是毫無疑問的，但是我們不能因此便忽視了自己去面對挫折，合理發洩的理由。我們之所以在追求一種合適的發洩方式，也是為了讓我們的心靈處於清淨平衡的狀態中。當一個人能夠在各種要求中由心騁懷，了無罣礙，那是何等的智慧和瀟灑！

修心，要做到收放自如

人不僅要懂得奮鬥，其實更應該懂得怎樣養心。

善於接受現狀，不是安於現狀，而是要學會在生活中游於心，離於物，不要每天都圍繞著榮譽與成就去奮鬥，總是拚命三郎一樣事事細細計較，物物條理，稍有不對，便自責懊喪，不能釋懷。這樣的生活太累，也過於執著，反倒會被束縛住。

我們不能活在虛幻中，現實世界中的確有許多值得去努力的事情和目標值得堅持，但是目標並不代表已經獲得了某種生活的機會，更不能因為某個目標，便刻意安排，執念前行，不顧事情本身真實的狀況，這是一廂情願地做出一些規範要求，容不得半點差錯。這種自律精神是非常難得的，但是隨著日子的持久，卻發現這對事情的本身並無多少益處。

面對事物，我們既不能扼得太緊，也不能過度放鬆，否則，或許最終會讓生活改變了本來的面目。事實上，我們一直都不自覺地試圖用扭曲的認知來改變自己和周邊的人，總是幻想自己關心和在乎的人能夠與自己一致地生活和思考，但事實並非如此，生活有其自身的規律，每個人也有適合自己的思維和生活方式，我們不能過度控制，更不要試圖去改變別人已經適應了的生活和習慣。

世界上任何一種完美的制度都要不斷調整，更何況是乏味枯燥的生活。如果自己一意孤行，也許突然有天我們看到身邊的人，因為受不了過分執著與嚴厲，或者一成不變的枯燥，選擇了離開自己的身邊，而那時候再去悔悟，損失已經無法挽回了。

我們有時候很難意識到自己的問題，身在此山中，雲深不知處，而一旦變換角度，橫看成嶺側成峰，遠近高低各不同，從旁觀者的角度居然能夠更清晰地知道自己是一個怎樣的人，也更能瞭解到自己的修行，究竟應該修正哪些問題，應該做哪些努力。

要從別人那裡獲得引導，就需要做到幾個方面：

首先要看清楚自己身邊朋友與自己的親疏關係；其次要明白他們希望從自己這裡獲得什

麼；第三要反省曾經發生過的一些與自己相關的事情，原因究竟是什麼；第四，可以找個關係較好的朋友告訴他自己的想法和看法，看他能給你什麼樣的建議，你能否與對方形成有效的溝通；第五，看看他說的那些問題你是否信服；第六，自己能夠做出怎麼樣的調整步驟；第七，做出調整之後，看看是否會有不同呢？

從旁觀者的角度來對自己做出調整，更吻合自然規則，也讓別人更瞭解自己，坦率的朋友願意講出真實的感受，甚至那些傷害過自己的人，也在用某種方式告訴我們需要做的一些調整，只要能夠保證內心不被這種傷害所擾亂，心中純淨，目標明確，要透過逐步修正錯誤，來實現完善和提升。很多道理藏在我們並不瞭解的角落，沒有機會激發出來，我們便發現不了，也無法去面對和解決。

我們強調修行，修一顆隨性寧靜的心，同時也能悟得出，離得了，放得下，拿得起，這需要具備極好的精神境界，並能夠激發自己身邊各種因素來幫助自己，走出迷惑與無明，這是經營自己修心大業的一種統籌概念，佛家不講求團隊作戰，但是卻喜歡藉助龐大的資源來輔助實現修煉效果。

還有個前提，無論怎樣的修行，都需要會順應著生活的節奏，與周圍的人，一同順其自然、平和、堅定地面對變化和調整。心性純淨，不僅僅是心無雜念，而是根本沒有雜念能夠影響到本心；收放自如不僅僅是懂得拉放風箏的繩子，而且還需要懂得真誠付出努力，並且盡力把一切規劃到位，付諸行動。

說要放得開，是要能夠對無關緊要的日常瑣事，敢於面對他們，任其發展：員工喜歡八卦和聊天，就由他們去說吧，難道這不也是一種愉快的生活嗎？妻子不喜歡家務，就讓她去做自己喜歡做的事情吧，又何必強迫著她每天待在廚房裡？

學會在生活中放開刻意的扭曲與執著，也學會為了生活堅定不移地付出與努力，這樣張弛有度，收放自如的生活，才真正充滿樂趣。

收與放在感覺中像是一種動態的行為，然而在心中，卻是緣於清淨空覺的一種定力，萬事萬物都不能停駐在一個狀態上，不能死板地看著現狀，便妄下定論，要管制或者要放開。定力強的心，任由鐘擺在眼前晃蕩，但卻只是看到背後對時間的指示，面對時間各種物是人非也是如此，不論事情如何變化，其背後的用意卻是相對清晰穩定的。

把握這個前提，有些時候就要放手，因為看似隨意，卻是有益的疏導；有些要收的事情，比如飲酒、賭博，是為了把逐漸偏離軌道的言行舉止糾正過來，心裡沒有標準，又如何能夠判斷得清楚何時該收，何時該放？

先修了心，心正了，收放有了標準，便更能維護這顆清淨自在的心。

物我兩忘，清淨自在

無論我們追尋怎樣的生活和成就，都要學會常常置身於物我兩忘的狀態中，感受清淨的寧靜，感受自在的舒暢，那種感覺，人生需要盡量多得去領悟。這是我們愛上寧靜和智慧的方法，也是一種愜意生活方式的選擇。

現代人大都很浮躁，常常會被事物纏繞著，總是喜歡說自己很忙，卻不知道究竟在忙些什麼，當你問一個人：如果給你整整三年的時間，每天有半天時間全部屬於你，你會做些什麼呢？大部分人沒法一下子就回答出來，我曾經用這個問題問過一些老闆，問過學生，問過一些年輕人和老年人，大家給我的答案都不同；大部分人是不知道要做什麼，因為他們習慣了生活處在被他人或者環境控制的狀態，突然有了自己的時間，不知道除了看電視、看小說外還能做什麼，可是這樣毫無章法的生活，只是短暫的休假尚能接受，如果是長年累月清閒無事地度過，有位體驗過的衣食無憂朋友悄悄告訴我：苦悶到最後，隨時都可能自殺。

那些輕易做出回答，認為自己將獲得徹底自由的人，後來在禪修的過程中發現，大部分難於堅持半年以上。

我們並不明白自己究竟想要什麼，自己究竟在期待什麼，在追尋什麼，也不明白在有限的生命中，怎樣選擇和努力，才是最能夠讓自己接近成功，又能活得有意義，愜意愉快的。我們可能是被社會整體的價值體系同化了，可能是被凡俗的事務給迷惑住了，也可能根本沒有足夠的智慧去想清楚自己是否真的有所追尋，除了最功利的那些選擇，我們還能選擇哪種；特別是那些既能救助眾生，又能將自己真正渡到智慧彼岸的選擇，雖然很難，但是不妨試試。

眾生有煩惱，很大程度上是因為無法忘記自己，可是當真正讓他去找尋那個自己，卻又糊裡糊塗，發現根本不瞭解自己。這種又堅持「我執」，同時又「愚癡」的狀態，是盲目生活的一種表現，大家都這樣，我就跟著這樣，媒體這樣提倡，我也這樣跟著他們的意識起舞，結果等到自己拿主意的時候，卻是不知所措。

生活中我們需要學會「物我兩忘」，不要盲信外界，也不要妄聽我思我言，很多人說，那豈不是等於白紙一張?的確如此，先把自己弄成白紙一張，然後才能清楚，這張白紙，原本是喜歡什麼的，本心該是如何維護的，什麼是在任何時候自己都不會捨棄的選擇，那就開始將這種歡喜的選擇，當成修心養性的道場，好好去加以發揮，提煉出心中真正的物我兩忘，那時候，就真正能夠明白原來自己也可以有這樣享受的方式。

物我兩忘的感覺，類似心理按摩，能夠讓我們超然物外，徹底融入一些能實現享受的方式中。當然，要實現忘我狀態，模糊化自己與眾生、環境的區別，難度甚大，甚至很多人連引導自己進入那種狀態都很難。所以有些人抱怨說，自己沒有嗜好，如果能夠懂得藝術，透過這些智慧表現形式的引導，或許生活不會這麼枯燥乏味。不過真是奇怪，難道散步也需要有人教嗎？可是用這種辦法，很多大德依舊能夠超越煩惱，進入物我的完全融合，甚至用打坐都一樣，也可以在一個小小的空間中領悟出許多正信的智慧。

有人強調說，自己不敢享受，擔心一下子迷失了本性，忘記每天必須早出晚歸來打拚養家了，那真是可惜，每天辛苦的努力工作養家，卻依然這麼困頓，說明自己沒有更好地思索和努力，看似忙碌的生活，實際上卻是盲目的，甚至是缺乏寄託而造成的。

清淨之心的養成，首先需要智慧，看得到紛繁世界中，何者為重要，何者要放開，萬事萬物都有因果，不可刻意執著，也不要在不明中感覺到膚淺的愉悅，真正瞭解了的事情，不會覺得空洞，真正領悟到的生活，不會覺得枯燥，而真正清淨的心，也不會感覺到生活中諸多的罣礙。兵來將擋，水來土掩，吃飯坐臥，都平常淡定，自在隨性，不起不落，不偏不倚，災難或是得失都不會引起一位清淨者內心的劇烈起伏。

我們不是不在乎，而是要領悟到，該怎麼去在乎。

清淨的心，還有一層意思，也許是我們很少意識到的，我們喜歡群居和認同，這是社會性動物的特徵，因為在每個人的內心深處都是孤獨的，有許多痛苦與憂傷在一定侷限中是無法超越的，甚至會影響我們一生。其實我們很多人都有這種習慣，生活中的大事小事，從剪短髮還蓄留是長髮，到人生轉折的重大選擇，都喜歡有人陪同，或者獲得他人的認同與支持。所以，在我們處理很多事情的時候，會不自覺地帶上他人觀念的色彩，會考慮到諸多的因素，甚至在很多時候，會迷失了自己的選擇。

清淨自在的心，是無所罣礙，也是獨立、自信的，能夠超越世俗與他人的影響，完完全全出於自己內心的設想與感悟，有自己對生活的看法，這種觀念是能夠讓周圍人感覺到自己的真實，那是一種語言、行動一致的真實，是一種不扭曲，不放肆，不衝突，自然的，愉悅的，寧靜的，純淨的屬於某個人特點的真實，這種狀態，如同回到赤子般的感覺，我們都喜歡孩子的笑臉與舉止，因為他們還沒有學會虛偽，清淨自然，若加上適度的忍耐與控制，那就是一份成熟的清淨心了。

把享受推延到努力勞動之後

很多人以為修佛的人有避世的嫌疑，逃避一些責任，也不工作，也不娶妻生子，盡一份回報社會，延續後代的責任，如果人人都去修行了，那社會要怎麼辦？可是真正領悟一些道理之後，發現修煉的人自有其辛苦。出家修行的人要斷七情六欲，其實壓力非常大，在家修行的人，也要遵守種種規則，相較於一般民眾要多一些生活上的要求，這並不容易。

也許我們不能理解為什麼一定要經過這麼多受苦的方式去最終實現「離苦得樂」，如果最初便沒有將自己置身於一些常人不理解的苦中，是不是已經能夠達到這種愉悅的歡喜感中了呢？

肯定不是這樣，世俗的人在沒有持戒的狀態中，所感受到的所謂「快樂」，是膚淺和無常的，今天吃肉開心，可是如果天天吃肉，又會生出煩惱，很膩，受不了；玩樂很開心，可是如果一天到晚都在玩樂，又會覺得很無聊，日子過得沒意義。

世俗的快樂很容易被解構，只要不斷去享受，就成了苦難。

修行的人卻不是這樣的，先經過一番對苦難生活的堅持，學會忍耐、忍讓、忍辱，將自己的滿足感不斷向後推延，把需要做到的事情，前面一定要堅持完，然後再去享用清淡的素齋，長時間學習和念經之後，再去休息，這種方式，會逐漸讓一顆心變得非常單純樸素，並且在享受苦楚之後的那些微小的回饋時，也會覺得非常愉快和滿足，從另外一個狀態上來說，也是增強了一個人面對苦難的定力，以及不斷承擔和勞動的成熟度。

在家修行的居士也會有這種感覺，只要自己先將需要堅持的修持做完，然後再去享用食物和休息，一樣感覺非常愉悅；這種感覺源於我們對苦與樂位置的調換和堅持。一個人一旦喜歡放縱自己，便會將苦、樂的位置調換，不管那麼多，事情做不完不擔心，先去吃飯，放鬆，再去考慮把事情完成，結果卻發現很難感覺到放鬆的樂趣，因為那時候心裡還在擔心：那些沒完成的事情，會不會誤了時間惹上麻煩？結果無論多麼好的美食，多麼有趣的娛樂，都難以消解他心中對前面「爛尾」工作的顧慮，弄得自己緊張兮兮，兩頭都落空。

如果要想進入理想的修佛歡喜之境，就要先把應該承擔的事情都切切實實地完成，而且是非常投入，當成最好機會地用最佳狀態實現，這時候再去享用各種「獎勵」，都會覺得非常滿足，非常幸福。西方心理學稱這種情況為「推延滿足感」，用勇於承擔的態度先把需要做的事情堅持完，然後再去享受，這種快樂比先享受再勞動的人，快樂會強很多倍，對個人的成熟也具有完全不同的作用；長期堅持推延滿足感的人，明顯會擁有更健康的心態和更健全的生活，而享受在先的人，如果不加以調整，會變得頹廢、無助、厭世，喜歡抱怨，喜歡講理由，最終將問題的責任推到家庭或者他人身上，卻很少考慮到自身的原因。這個道理佛法用脫離欲望，勤於修行來做了指引，其實道理是一樣的。

就是先做，然後再去享受。同時，佛法的引導是非常有效的，每個人修行，勞動，這些行為不全是為自己，當一個人需要為自己的後人，為自己的來生做一些付出和代價時，往往內心是非常願意的。但是卻也從某個角度引導了這個人先放下欲望，磨練出一顆不被欲望控制的堅強心性，而所有人在勞動結束之後，享受一些維持生理需要的補充時，都是會感覺到莫大幸福和放鬆感的。所謂打一巴掌給個棗，從初期的心理期待降低下來，不停堅持用心做一件事情，也已經從當時的物我兩忘中，感覺到一些投入與類似禪定的快樂，當再次領受一些享受時，自然更加珍惜。

對寺院中修行的人來說，這勞動就是打坐誦經，焚香上課，以及必要的勞務，可是對日常生活中，喜歡宗教智慧的人來說，不需要天天去做這些事情，但是依然可以從堅持中獲得同樣的效果，比如每天早晨都堅持早起，起來以後要承擔家務，掃地，做飯，要堅持吸收一些新的知識，要堅持把每天手頭上的工作積極圓滿地完成，然後下班回家，可以徹底享受一下晚上的三小時美妙時光，看電視也罷，逛街、約會，都會覺得非常舒暢，每天都覺得很充實，也很滿足，幸福指數就會增高。

堅持勞動後再享受的人，還會逐漸形成一些好的品質，最終能夠真正成為一個節制的人，自控的人，有所堅持，有很強的承擔能力，這樣的人，在家裡會非常幸福，因為他在為家人付出，並發揮一個非常好的榜樣作用；在公司裡也會是一位很好的員工，因為他比別人更能感受到努力做事的奧妙和快樂，精神狀態和工作能力都是非常突出的。

很多事情只要我們做出一點小小的調整，生活就會不一樣，關鍵是要有恆心，能堅持，也要用心。每件事情中都蘊藏著智慧與機遇，一個蒸饅頭的人，若是用心和麵、揉麵，精心炮製，饅頭也會變得美味許多。若去經營饅頭的生意，成功的機會也會好很多。所以我們提倡這種將享受放在後面，將用心勞動放在前面的狀態，學習那些修行的人，自己就會快樂很多，成就的機會也會大很多。

第四章 修心性，不要修欲望

若以色見我，以音聲求我，是人行邪道，不能見如來。

虔誠磕頭，沐浴焚香，梵音木魚，你問過自己嗎？如此而為是為解脫內心諸般的糾結與欲望，還是純淨沉浸於這一舉一動中的寧靜祥和？帶著無盡的負荷與期待進入日日修持的狀態，見佛便拜，逢事便求，佛可以等同於萬能的神祇○。而你修了一世的佛，依舊只是懂得祈求而已，卻不曾留住點滴佛的智慧。

年輕人喜歡匆匆忙忙做事情，急於創立基礎，實現自己，所以看似乎非常珍惜時間一般，做一切事快得很；可是年齡漸長，卻逐漸喜歡節奏慢一點的生活，茶要慢慢品，書要細細讀，事要一點一點的做，似乎對時間毫不在乎，慢悠悠的。

兩者看似衝突，年輕人理應有更多的時間可以消耗，卻總是覺得浪費不起，老年人已經到了暮色之年，行將就木，應該覺得時間緊迫，但卻不曾著急匆忙。這是因為對生命的理解境界不同，所以才會出現時間概念上的差異，匆匆忙忙不見得是珍惜，可能只是急著去犯下更多的錯誤；慢慢做事不是浪費時間，而是在提升品味，發掘出事情中更多精妙的智慧，焉能慌亂糊塗！

寧靜點，慢一點，會更幸福

這個社會讓我們習慣了忙碌，每日遊走於工作與人際之間，想著如何去更好地謀生，如何去贏得更大的名聲和財富，我們變得不再寧靜和緩慢，背後似乎總是有無數的壓力在追隨著我們，我們都拒絕接受平凡，習慣說：最近很忙。

正因為大部分人在這樣的生活狀態中感覺不到愉快與智慧，所以，愈來愈多的人希望能夠融入到佛教的智慧中，擺脫瑣務帶來的身心疲憊，回歸到清淨自然的狀態中，釋放自己，同時認識生命，領悟生命。

所有的事情，一旦帶上期待的感覺，便成了「相濡以沫，莫若相忘於江湖」的缺位情結。因為難以得到，才會孜孜追求，水不短缺的時候，我們不會天天強調有關水的話題，而寧靜緩慢假如便是我們生活的主調，我們不會再去強調要盡量慢下來，細心體會每一個細節，甚至每一次呼吸。

對大部分已經成年而進入謀生狀態的人來說，無不懷念幼年時候，寧靜悠長的生活，因為日子總是過得很慢，常常因為好奇而去細緻地體會。是否還記得夏日午後，樹間的知了此起彼伏鳴唱，樹影細細透著光芒。地上的草樹花朵低垂著，人在樹下或者簷下，吹著清爽的風，睡意沉沉。多麼寧靜和精緻的生活，時間似乎也停滯了，日子像是被拉得很長很長。

每次回憶起這樣的午後，總是會為現在每天都被疲憊地固定在一個狹窄的工作場所，忙忙碌碌，不知不覺，一日日、一年年飛逝而去而慨嘆不已；小時候父母也這般慨嘆的時候，我們感覺真是無趣的話題，可是現在輪到自己面對這樣的生活，在這樣的年齡中，卻發現這些感慨原來是發自內心深處的一種失落與羨慕。

很多老年人在後來回憶中，那些色彩明亮，充滿快樂與韻味的日子，往往不是功成名就的時刻，卻是幼年時那些沒有罣礙的生活，那些忘記時間長度的日子，那些被好奇的眼睛一點點捕捉出來的新奇與喜悅，這些細膩的感受與慢慢的斟酌，緩緩地把人生中閃耀的快樂連綴起來，彷彿時間因此流逝便不再那般迅速，而慢慢的品茶、書寫、聽戲往往也是人們終於大徹大悟之後喜歡做的事情，這是一種寧靜中傳達出的珍惜與精緻。

慢一點的生活，在某種程度上，提高了我們有限的生命品質，因為觀察與感受更加準確，凝視得很久，思考得很多，所以人在一定程度上不再那般浮躁和無奈，不必再用不斷的忙碌方式來掩蓋自己對生活缺乏控制和把握的恐懼，慢一點，一粥一菜都有無窮的智慧；慢一點，爭鬥之心不再那麼熾烈，悲喜之感不再那麼劇烈；慢一點，甜蜜的感覺，滿足的感覺，浪漫的感覺都會逐漸佔據我們的心。特別的日子總是很少，平淡如水才是生活的主旨，但是靜靜的凝視與從容的舉止，總是會讓人感覺到一種莫名的欣慰。

緩慢的生活與勤謹的態度是不矛盾的，我們不需要逼著自己活成「八爪魚」的狀態，靠著增加每一個動作的速度和過度的忙碌來證明自己，獲取成就，往往事實是，愈是希望能夠迅速獲得某種成就或者利益，愈是用著急的方式，愈沒有辦法順利達到；然而，假如之前便做好了各種細節的準備，對所要進行的工作成竹在胸，也不會採取匆匆忙忙的方式，目標的達成完全可以從容不迫，手到擒來。所以真正的實力面前，決定成敗的，不是夠不夠著急和忙碌，而是實力本身。

同樣，我們快樂與否，生活的品質如何，也不取決於我們跑得有多快，或者超越了多少高手，而是取決於我們領悟到多少，取決於我們捨棄了多少，幫助了別人多少。

跑得再快，深藏在心底的問題不解決，就跟要甩掉胸前吊著的小猴子一樣，都是徒勞的，它永遠都在自己前面，跑得再快都是如此，只有把它取掉，即使從容地走，依舊是輕鬆愉快的。

人入老年，其實智慧更多於衝動，也明白了真正有意義的生活，不是衝到前面，而是提升品質，韻味和精緻度相比於龐大數量，依舊具有極高的價值，名貴的瓷器珍品，可以換來成千上萬只普通的瓷器，延續生命方式，不在於拉長它的長度，而是提高它的品質，一樣是高價的珍品。

緩慢的狀態，不是懶惰或者疲軟的病態，而是在領悟到更多智慧之後，爭鬥之心慢了下來，功利思想慢了下來，在緩緩的狀態中，一個有智慧的人會將自己與周圍的草木陽光相融合，悲傷憂喜，得失成敗，都不再那般沉重，生活既如羽毛般輕盈，又如泰山般穩定。我們的生命既然不能增加其長度，就不妨提高其品質，在悠閒與從容中展現一個人的魅力與智慧，相對於很多老年人來說，那時候的心態，依舊如兒童般純淨和年輕，不憚生死。

在寧靜緩慢的狀態中，我們還能感受到更多生命延續的真理，明白「取」多少其實到一個生命階段，已經不再那麼重要，人的一生若消耗得過於奢華，可能會敗落掉一個豪富的家庭，但是如果平淡雅致地生活，既使一簞食一瓢飲也能樂而忘憂；而「捨」的方式，則更能令人體會到生命的價值。

修心性，不要修欲望

不可否認，很多人之所以信仰佛法，是因為最初抱著能夠獲得一些護佑或者回報的心態而去參與的，要透過佛法來化解自己前世的業障，求得今世的平安順利。

大多數虔誠到寺院中燒香許願的人，都是因為有所求才前去跪拜，佛與菩薩對他們來說主要是救苦救難，出了事情就趕緊跑到寺院「報警」，送禮、燒香、祈禱，而且還會等待著這個祈禱隨時兌現，兌現之後還會像做交易一樣，再次回到寺廟中去還願感謝。

與佛、菩薩做一些類似世俗人之間的利益交換來維持內心的平衡與信仰，並非不可行，在真實的成佛修行道路上，卻是一種極大的誤解。我們把佛等同於自己心願與欲望的保護神，似乎只是做一下祈禱，便能夠保佑全家人平安無事，保佑自己能升官發財，財運亨通，這不是真正的修行，也不是信仰，這是在給自己請個萬能的保鏢，保護著自己，實現目標，達成心願。佛要度眾生，必要時可能是出手幫助，但要讓眾生脫離苦海，證得菩提智慧，眾生的這般做法，便沒有什麼可能有任何超凡入聖的機會了，即使天天吃齋念佛，潛心供奉都不會有用。

眾生自己在領悟佛法的要義之後，要學會自度，提高善緣，增強道業，修清淨心，不要每天只知道求佛保佑，而要學會利用自己的智慧來保證自我的成功。否則，就是在用佛法來修欲望，佛法所顯示出的神通越強大，這欲望就跟著有多強大，甚至會為了得到某種利益不擇手段，為非為歹的時候，也會去求助佛祖保佑。這時候的佛，與村口的土地廟，幾乎沒有太大區別，乞求者只是看到自己的欲望，不會在意這個眼前受跪拜的莊嚴佛菩薩，究竟在用什麼樣的智慧超度眾生。

除卻超度，日常生活中的欲望與煩惱，如果真心修佛，不要太多去求佛保佑，這樣不僅不利於事情的實現，甚至連自己的佛性都會受到一定程度的損害。佛性中的清淨自在，即心成佛，這掛著無數欲望與障礙的心，又怎麼能夠得到有效超脫與領悟？

我們日常生活中，家中供尊菩薩，天天念佛吃齋，口中稱念阿彌陀佛，大多數可能是為了求得佛的護佑，見證自己的虔誠；當然，非修行者不能妄言，可是連佛自己都說，如果聲稱自己能夠超度眾生，這也不是菩薩。如果眾生執著於「我」一念，將自己看得過分重要，將瑣事當成驗證佛力的標準，那是沒有辦法領悟到佛法智慧的。

一個有修行的人，要去領悟佛理才能獲得智慧，才可能最終超越生死，超凡入聖。所以修佛，不要去為欲望得以實現，而要修心悟性，多發慈悲心，種善因，才能逐漸豁然開朗，領悟更多高妙的境界，那些生活的瑣事再行解決，就更加得心應手，隨心隨性。

佛法的修行，其實要讓人放下欲望，放下煩惱，才能領悟到緣起性空的智慧。佛說沒有眾生，沒有佛，因為只要修持善念、消散我執，沒有我，沒有其他，那麼佛與眾生其實在智慧真性上都是平等的，眾生不需要超度，也沒有辦法超度，佛不會因貪圖福德而產生眾生的執念，所以眾生不要去不斷乞球保佑，這種執著的心態，將會使智慧永遠固著在迷惑狀態，無法瞭解佛法的真諦。

還有一種情況可能會略有不同，很多人喜歡聽佛法，這在某種意義上，也是一種欲望，但是這種佛欲，源自於超脫的渴望，本質上是善念，因此並不會影響一個人的修行，相反，能夠非常好地利用這份欲望，勤謹修持，不斷領悟和超越，在道業上的累積是非常強的，最終能夠幫助我們邁入更高的境界。

佛欲與世俗之欲有著本質的不同，世俗之欲是為我，本質上是一種嚴重的我執，沒有忘我，全部都是繁瑣的欲望，是對無法擺脫煩惱的苦悶；而佛欲卻是他執，執著地認為佛可以帶著自己走出修行的困惑，但是這種執著的最終結果是朝向較為有意義的領域，即使佛說一切都是空的，不存在的，包括佛法本身，佛本身，但是這種解構式的教育依然是有效的，會讓佛欲之人依舊得到許多的領悟。

其實說一切都是空，是因為一切都處於無常變化中，沒有固定不變的相，但愈是忽視掉那些以具體形式表現的佛法，便愈能夠理解到佛法的真正奧妙，每一個有佛欲的人，也最終會在佛陀的引導下，從他執變成相忘，會拋開這些執念，逐漸理解到更深遠的含義。

乞求，祈求，不求

我們希望自己做了善事，就能得到福報，本世不報來世報，真的有點像與佛法在談判，從普通邏輯思維上，也許能夠想通，既然總是要回報，那遇到不如意的事情了，不妨就做下交換吧，將自己的道業與業障抵消掉，兩不麻煩，還能幫助自己在現世中獲得一些利益和回報。

這種想法無可厚非，人都希望做事情能夠獲得平衡，付出以後有所回報。只是此時的平衡是基於對佛法的誤解與對自己的執念上，這樣的做法，可能不僅換不來對業力的消除，還會損傷自己的修為。人一生不能用做生意的思維來生活，已經種下的種子，孕育根芽，如果打算再挖出來度過荒年，顯然是不可能的；將水潑到地上，打算再收到盆裡，也是不切實際的事情，發生過的就發生過了，要再次重新拾起來，談論這些資源怎麼利用，那馬上就明白你的意圖了，原來之前的虔誠和慈悲都是做做樣子而已，真正想得到的，還是好處。

有人甚至還會再問一句：「沒有好處我為什麼要信佛？」

對於修習佛法的人來說，好處究竟在哪裡呢？是學習了以後必然能夠得到福報嗎？萬一業力太深厚，一直都沒有感受到福報怎麼辦？那就放棄不信了！與其這樣想，還不如根本就不要去接觸佛法，這樣無知者無罪，根本就不會知道業力和福報，也不必提心吊膽。

佛法真正能給我們帶來好處的，是一顆平常清淨的心，我們的慈悲，我們的寬容，我們的至誠無私，這能讓一個人活得很純粹，讓有限的生命變得很多采、很幸福。

我們這一生，莫非都是為了福報而生的嗎？為了福報去做事，去乞求、去執著地把自己的欲望當成最大的希望來下注，結果一旦遇到困難或者挫折，便迅速退敗下來，不再繼續虔誠。這種心態，投資的色彩更濃一些，適合去做談判專家，或者投資做生意。

我們反省一下，做善事一定是要求得福報的嗎？

如果福報是能夠索取來的，那可以天天去做生意，還比較實際。

事實上，做善事並不是一定要獲得福報，什麼是善？就是良，是美好的，是不極端，不怨恨的平等觀念，我們做善事，對不認識的人是種救助，讓他們能夠脫離困境，獲得平安與寬慰；對親人愛人友人，我們同樣要善，不傷害，也不佔有。

佛家講究大慈大悲，是一種什麼樣的慈悲心呢：與眾生沒有分別心，對每個人，甚至一草一木都要充滿愛，即使無緣無故，即使對方很快樂，我依然沒有分別心地要愛他們，這種愛清淨無欲，大慈大善的愛，是真正的大愛，沒有我執，沒有私念的愛。

這樣的愛，並不見得馬上見福報，但卻一定會帶來一顆平靜清淨的心，一個具有菩薩心腸的人，一種令周圍環境都願意和諧相處的美妙世界。一個身上充滿慈悲心的人，不會有任何的惡意，所以無論孩子，警惕的動物，所有具有靈性的形式，都會與這個人形成融洽的關係，沒有傷害，才會有安全感，有共通性。

我們可以理解這件事，佛與菩薩是沒有辦法代替自己去做任何事情的，一切事情的因，都是自己早已經種下的，而一切果，也是自己的修行來決定的，這個過程中，只有靠自己不斷調整和努力，而不能走捷徑。

其實真正的福報，是無法透過求的方式得到的，只有不求福報，反而能夠將自己的善舉轉變成福報，執念不止，即使做再多的事情，都是在鞏固這個執念，而一旦破除這個念想，什麼都不要，不求回報，不求必然，只要在這一刻要萬念一念地救助眾生，反倒容易更快領悟到智慧，不再迷惑。

正所謂：眾裡尋他千百度，驀然回首，那人卻在燈火闌珊處。苦覓不得，苦求難成，放手釋懷，福報自來。

不要神秘感，要平常心

神秘的東西能夠吸引人不斷去探索，充滿樂趣與未知，但終究不是吃飯工作，不是日常生活，如果終日陷入神秘的求索中，這現實的殘酷世界自然無法令其滿足，更難使這些神秘獲得正解。

現在的科學與探測還沒法確定，另外一些超越三度空間的存在，除了微小到眼睛看不見的細菌生命的存在，我們無法確認還有哪些生命形式是存在於我們周圍的，所以很多人喜歡靈異事件，喜歡神通，並且以此來驗證佛法是否真正法力無邊，顯出無數種瑞相，或者有一些刺激的體驗。

大部分人是喜歡以神話方式來看待佛法的，在《西遊記》中，在《紅樓夢》中，人們都把佛法的修行者當成能夠預知前生後世，翻手為雲，覆手為雨，騰雲駕霧，來去無蹤。神妙的色彩會讓世俗的人更加產生距離感，產生嚮往的感覺，在現實世界無法實現的狀態中對人類社會進行教育，這種震懾力是非常強烈，不容小覷的。

更何況世界上的確還存在不少不為人知的秘密，巨大的石像，準確的預測，高度的文明，莫名的失蹤，經由不少修行者口中說出的特殊經歷，的確衝擊著我們的判斷，刺激著興奮好奇的大腦。

好奇和興奮也是一種享受，這種享受具有一定的時間持續性，喜歡靈異的人，一旦被人說出一些靈異滿足下，便對此不再新奇興奮；喜歡神通的人，在不斷傳誦和自然界保留下來的神通痕跡之後，也會逐漸消失新奇感。所以神秘感其實是獵奇的心理，即使未修行佛法的人，依舊會對這些特殊的能力，表示出極大的興趣，就像看到兩頭蛇，或者三條腿的牛一樣，只是覺得此事好玩而已。

對修行者來說，執念於神通之力，靈異現象，其實是還在佛法的邊緣，對這些神通力存在著某種意義上的恐懼，希望透過一定的修煉來消弭與那個靈異世界的距離，減少恐懼，增強自己的能力，凌駕於當下的世人。這是另外一個層面意義上的求，求能力，求特別，求控制力。

得到這些神通最後的目的，仍然是如何實現心中的那些欲望。

現在需要好好看看，這些透過不同的途徑來妄圖實現自己的欲望，究竟是怎麼回事，看清楚了，其實是我們的貪念，是我們的執著，是我們不斷給自己的暗示、設想、期待所造成的一種特定的欲望，這個欲望不僅僅要讓自己那些糾纏的所謂目標與期待，還要超越別人，成為生活的主宰，人群的主宰，那裡面有多年來自己苦苦追求的東西，那些煩惱，那些苦悶，那些尋求解脫的期待。

要成為自己期待的那個樣子，苦修是為實現，做善事是為實現，跪拜是為實現，充滿虔誠地面對神通也是為實現，自己一直希望達到的目標，當然，這個目標也可能是證得正果，但是即使是這個目標，所設想的也是讓周圍的人看看，終有一日我能修成正果。

把生活的完全過程證明給其他人看，似乎這不是他自己最需要的生活，為什麼？因為空虛和自卑，因為嫉妒。不知道什麼是真正的快樂，就要設法安排一些快樂的理由，要實現某個目標，或者實現夢想，等自己成為什麼樣的身分，就能快樂了，於是便不顧一切去為這個夢想而活，以為這就是自己的人生意義。

反叛者都希望成為皇帝，因為皇帝的身分太誘人，可是卻沒有想過做了皇帝要承擔身分背後的責任和犧牲，只是想要這個位子的人，其實就是一個空洞的夢所致，真正坐上皇帝大位，會苦不堪言，更加空虛；這是一種缺乏正見，缺乏智慧的人會犯的錯誤，其實不要去追求那些不屬於自己的東西，因緣前定，刻意追求，反倒忽視了整個過程中的享受與修持，忘記自己做人的本分，結果毫無快樂可言。

還有一些人非常自卑，從小經歷過重大的打擊，樣樣都不突出，但是骨子裡卻非常好勝、好強，於是表現出來，就是強烈的自傲，看不起他人，不屑於與任何人為伍，其實同樣的事情，如果發生在一個鈍感較強的人身上，過幾天就會恢復正常，照樣嘻嘻哈哈生活，可是自卑的人非常敏感，每一點打擊都會非常在意。

有位教授招考研究生時便說，最不敢接受的就是自卑的學生，好強而脆弱，不敢開玩笑也不敢批評，每句話都要小心翼翼，生怕哪句話不注意便對他造成傷害，自卑的人可能不會想到周圍的人為了遷就他這個怪脾氣，有多麼苦惱；自卑的人很勤奮，也很努力，可是境界依舊非常低，因為自卑的人總是低著頭向下看，心中的牽掛太多，掙扎太厲害，不會向前和向上看，也看不到開闊的希望，領會不到一切放開的愉悅，結果愈自卑愈無收穫，修行愈差，愈不能實現解脫。

嫉妒的人比比皆是，對別人的成績、條件、事業、家庭等等都非常嫉妒，因為自己得不到，便嫉妒已經得到的人，因為嫉妒便生出許多不滿、怨恨、偏見，甚至誹謗陷害，心裡就糾結著，自己也非常痛苦，卻無法釋懷。嫉妒的人喜歡刻薄地評論別人，喜歡背後說人家的壞話，也喜歡千方百計做一些特立獨行的事情，證明自己的實力。

無論哪種原因造成了自己內心的糾結，對修行都是沒有好處的，因為無論我們如何用功，眼睛都是盯著外界的得失成敗，去關注周圍人是如何看自己的，關注自己的期待該如何實現，關注自己恨的人、不順眼的人如何被打敗或者受到懲罰，這些混亂的心都不可能真正領悟到清淨無為，因果與因緣。

一個人要善於接受現狀，不要總期待成為核心或耀眼的人，無論好的修行還是厲害的神通，都不是拿來證明自己與別人多麼不同的證據，有顆平常心，看淡得失，不要有太多取與捨得分別，不要過度期待，不要非得爭取與別人對等的生活，過好自己的人生，守好自己的心，做個平常普通的人，會更快樂！

做個逍遙快樂的世間佛

大部分人因為諸種原因沒有辦法到寺院中靜修，但是並不妨礙一個人能獲得清淨無礙的修行，就像喜歡讀書的人不一定要到圖書館工作，喜歡動物的人不一定要天天住在動物園中一樣，內心的修行可以在任何地方、任何時間進行，甚至在佛法不曾存在的世界，具有佛性的人也一樣可以發願解脫，證得正果。

有一些女士非常相信寺院中的修行效果，拋開家庭，拋開孩子，很長時間去寺院中禪修，丈夫最初還是非常支持，可是時間太久，已經影響到正常的生活，便逐漸不滿起來，對她所堅持的修行觀念也開始質疑起來。

曾經有位丈夫很不好意思地表示，雖然明知道沒有強而有力的理由阻止妻子去寺院修行，但是卻發覺問題已經非常嚴重了，因為妻子已經自覺到了不在寺院便無法靜心修行的地步，失去了正常的生活。我建議丈夫：那你讓妻子直接出家試試呢？丈夫講，她說捨不得孩子，自認為修得還不夠，需要再堅持一下。

這是一種偏執的依賴，就像很多人認為離開學校便無法再有效學習一樣，環境成了一個人從事某項活動的基礎原因，令人非常不能理解，如果心既不能放下，又不能上升，懸在半空中，周圍會有無數的人要跟著受到煎熬。

世俗中的修佛人，不能對自己像寺院中的苦修者那樣，一定要經過嚴格的戒律和要求才能心平氣和，其實修持是種訓練，這也是為了達到無上智慧、清淨之境的途徑和方法，我們修佛法，不是必證阿羅漢果或成佛，而是要讓自己的生活能因佛法的智慧變得更加順暢一些，憂慮少一些，愉快多一些，所以在家的修行，從每天生活的細節中，由於缺乏伽藍僧眾的監督，反倒更容易生出許多領悟的智慧，帶來更多美妙的體驗。

佛說眾生也都是菩薩，只要能夠拋開一些執念，將佛的智慧融入到生活中，融入到自己每天的每件事，每句言語中，也同樣是修行，對整個社會來說，這樣的修行更有意義，因為生產要有人做，生意要有人經營，公車也要有人開，社會才能運轉，當我們無法徹底脫離開俗塵的眷戀而進入寺院出家專修，那麼就要考慮離家更近一些，總要選擇在某個環境獲得正見，一會是寺院的依賴，一會是家庭的留戀，這樣的心不是在修行，而是在折騰，在拉鋸，卻總也難以有個確定感，修行這麼久還徘徊在這種煩惱中，不如不修行。

想想我們自己的生活，真的有太多的智慧可以去領悟，哪怕僅僅是去掃地，一個懂得修行的人會忘記自己是在掃地，而是在領悟掃地中的樂趣，所以他去做這件事情時，不是敷衍地把垃圾隨便掃出來，倒掉，而是很細心地把每個角落都清理得整整齊齊，乾乾淨淨，角落掃不到的，會用手去清出來，或用抹布擦掉，從掃地到擦掉牆上的污垢，一個懂得掃地的人甚至比專業清潔工做得還仔細，他不計較那一刻掃地是為誰在掃，無論是自家還是別人的家，是公共場所還是私人場所，他都喜歡把一件事情做得精細完美，或許這也是一種執念，但是他沒有把完美當成目標，只是在掃地中不會感覺到得失，不會感覺到掙扎，僅僅是看到自己把環境打掃得乾乾淨淨，汗水流出來，便感覺到了滿足。

從感情上，能否對自己的親人不產生執念，孩子不乖，就想訓斥他，甚至動手教訓他，這是執念，因為認定孩子是屬於自己的人，自己有權利控制它，操縱他，這是沒有道理的；孩子與父母是結緣的人，他未成年不懂事時，我們有義務引導他，養育他，但是卻沒有權利去折磨他，父母修養好的家庭，往往不費太大力氣便能培養出懂事的孩子，因為父母自身的言行就是最好的教導，而父母的平等思想，溝通能力，也是與孩子形成互動的好方法，所以孩子不乖，不要急著打罵，要先反省自己。

有個關於教育的小故事：

一位父親，年復一年都要花一些時間在屋後那片貧瘠的土地上耕作，莊稼收成並不好，周園的人早已經放棄了，可是這位父親即使在事業有成後，依然堅持不斷每年都要一絲不苟地耕種，而且要兒子陪同一起；鄰居很疑惑地問他為什麼還要種莊稼，父親坦率地說：「我不是在種莊稼，我是在種兒子」。這是對待教育的正確態度，自己能做到，孩子會在後面跟著，自己做不到，妄圖讓孩子做到，這就是執念。

對父母的態度也是種修煉。隨著年齡的增長，該煩惱的事情也逐漸多了起來，生活中常常會忽視父母的一些需求，一旦父母埋怨起來，心裡又會為此感覺委屈不已。

面對年邁的父母，我們的情感也已經不像孩子時候那般依戀，卻必須要面對責任和相互之間的溝通認同，特別是對年幼時關係並不融洽的父母，這個過程還要複雜一些。有時候我們對陌生人反而共容易熟悉一些，與自己天天相處的人卻無法把握分寸，因為心裡習慣了與對方就是理所當然的關係，所以一點也不客氣，甚至覺得客氣就生分了。

想想還有很長的時間要去重新認識父母，這份耐心與包容，是更為難得的修煉。儒家說人必須要孝，可是佛家講因緣，我們與父母只是一世的緣分，但是無論這緣分有多深或者多淺，他們的所作所為對自己形成了什麼樣的影響，作為子女需要做到真正的慈悲和感恩，我們不僅僅是要讓老人家有快樂的晚年，也是為自己爭取一個快樂的下半生，我們的言行都被自己的孩子看在眼裡，他們也會學習這一切。

即使是平凡的生活，也有許多不斷要解開的迷惑，許多需要增進的修行，也有許多智慧和善緣可以學習，一顆平常心，慈悲的心，不執著、不妄念的心往往能讓我們從俗世間獲得更多的福報，塵世間依然可以獲得修行的快樂，悟得正果，做個快樂的世間佛，更難得！

第五章 該來的來，該去的去

如來說諸心，皆為非心，時名為心。

若我死後，願君平靜依舊，開心依舊；因君作古，我當如此——你我無論恩愛如何，敬重如何，都必將因緣際合散滅，既已與你全心全意共度有生，何必再為失去悲泣哀傷？莫讓本心沾染得失而致的執念，讓該來的來，該去的去吧；不要只看到不知珍惜的漠然，卻不知一顆不曾改變的赤心，如你從未離開般深情。

愛與死亡，這是大多數人生命中最刻骨的主題。

愛有很多種語言可以表達，無論多麼美麗都不過分，因為它如此美好，讓一顆顆孤單的靈魂，變成因為愛慕、責任與守護而付出和延續的圓滿人生，這是值得期待和珍惜的。

而死亡永遠不會離開人的生命，無論自己多麼珍惜一個人，他都會最終化為灰燼，永不回來。從獲取的圓滿，到徹底失去的虛空，這種巨大落差，柔軟的人心是難以忍受的，而這狀況，卻是必須面對的。

愛，如何才能長久

親情、友情、愛情，百般呵護，萬般珍愛，可是善始善終者卻寥寥無幾。孩子會長大，離開懷抱，友人會生異，反目成仇，情人會變心，終成陌路，人世間悲歡離合一幕幕上演，多少人因為至親至愛的刻骨傷害，變得困頓蹉跎，身心俱疲！

有位妻子問自己修持多年的丈夫：「我們如此恩愛，若有一天我離開了你，你會怎麼樣生活呢？」

沒想到丈夫簡單回答：「一切依舊。」

妻子感覺到悲涼異常，沒想到多年的伉儷情深，鶼鰈相伴，竟然在自己離開時，這人卻連為自己垂淚、傷心都不肯，頓時覺得眼前這個平日心懷慈悲的人原來如此虛偽，如此冷漠。

其實這位妻子完全誤解了丈夫的深情。

在丈夫心中，珍惜妻子，不是為她離開或死亡時頓足捶胸，嚎啕大哭。生命是有限的，聚散也是有因緣的，順著自然的力量坦然接受，比徒勞的悲傷要有意義得多。更何況，悲悲切切不是真正的珍惜，在有限的生命中好好珍視自己所愛的人，讓他們每天感受到自己的關注、關心與體貼，這是能夠給予所愛之人更好的禮物；當這份因緣消散時，想去刻意抓住，已經太難太難了。

若是對方不再珍惜感情而離自己遠去，苦苦相留，也是勉強的；而生命如果到了彌留之際，淚水滂沱，肝腸寸斷，也是枉然的。所以真正珍惜愛的方式，無論對方離開，或者永遠死去，無須讓自己的生活徹底面目全非。想更好的延續愛，不如有生之年的愛惜，還有，離開之後的不曾改變。

愛是需要相互體諒的，這是平等的愛，真實的愛，也是值得珍惜的愛。反過來，如果是自己真正愛的人，我們不會希望他們為了自己的離開而變得失魂落魄，孤單淒涼，倒是非常希望他們能夠一切依舊地，如同自己沒有離開一樣，依然感受到愛，感受到溫暖和信任。

愛雖然是自私的，自己曾經付出過感情的人，大多數人不再願意看到對方對其他人傾注同樣的情感，一旦看到自己的位置被其他人侵佔，第一反應便是嫉妒、對抗，甚至報復，然而這種對愛的自私心理是沒有意義，也非常狹隘的。

一個失去母親的孩子，母親如果愛孩子，不是讓他整天沉浸在思念母親的悲傷中，而應該祈禱他能夠獲得與自己一樣的母愛；妻子已經無法再繼續留在丈夫身邊照顧，不應該再要求丈夫長期閉鎖在悲傷和寂寞中，而應該祝福他能堅強面對，把自己逐漸忘記，繼續新的生活，依舊開心和幸福。

這樣的愛，才能讓所愛的人真正幸福。每一份愛，不僅僅是對自己的回報，我們自私地認為自己愛著對方，對方要同樣對待自己，因為自己的不甘心，故而也要執著地抓住他們，即使自己再也沒有能力去繼續愛他們，還是期待著對方給自己留著不容侵犯的位置，這份自私與執念，不會真正讓自己的心靈得到解脫，也會給另外的人帶來壓力與負擔。

如果真的愛一個人，不要讓他為失去感到傷心難過，而應該讓失去變得無關緊要，因為珍惜藏在內心，在一起或者不在一起，那個為對方珍藏的位置，都不曾改變，為逝去者的安心而珍惜自己，為負心者的離開而寬恕對方，依然保持著原本的生活，這樣的境界，是將愛真正放開，不執著，不佔有，不離棄，是真正讓愛不枯竭的方式。

愛是人生中的一大樂事，我們因為生命中有愛，才會有不一樣的體驗和承擔性。愛的感覺，本身就是一種修煉的樂境，想想茫茫人海中，兩個陌生的人，因為諸多的因緣巧合，居然能夠走到一起，生活中出現無數的交叉與糾結，要彼此瞭解，信任，依戀，支持，人道輪迴的機會難之又難，而在這不可思議的際遇中，你們相互遇到，或者選擇了對方做親人、朋友，這是多麼大的緣分！

可是要將愛維繫住，卻不是容易的事情，多少曾經恩愛的夫妻，最後變成怨偶，分道揚鑣，各不相干。我們不講是因為兩個人緣分已盡的話，這對很多人來說，是維持不好家庭關係的藉口。

如果把問題一點點拿出來分析，其實只要避免一些問題，雙方是可以繼續下去的。兩人如果都太看重自己的生活和權利，關係就很難相處。總期待對方為自己付出，而自己為對方的一點犧牲，都牢記在心，斤斤計較，很難能長期維繫穩定的情感。

是否能夠為對方心甘情願地付出——這是衡量一個人是否真愛對方的很好標準，因為愛會不計較得失，兩人都用心去經營家庭，遇到困難一起度過，遇到問題一起解決，心心相印，彼此信任，這是比較幸福的家庭，也是獲得昇華的愛；如果兩人在一起只是為了讓自己生存下去，或者生存地更好一些，各懷鬼胎，有困難彼此推諉，有好事不願分享，這樣的婚姻，早晚會不堪重負而崩潰。

孩子是家庭的核心和延續，也是家庭的靈魂人物，兩個人被共同的愛維繫在一起，孩子是他們都會珍惜的寶貝。但是，如果還不確定是否能心心相印生活一輩子，自己是否願意為對方付出一切，就要慎重思考孩子的問題，離異的家庭，對大人的傷害遠遠沒有對孩子的深刻，很多離異家庭的孩子長大後會憤世嫉俗，心理不正常，反社會性也很強，就是因為大人離異後，對孩子形成很大衝擊，愛的不完整和不確定，讓孩子的心靈遭遇到不小的挫折。

已經面目全非的家庭，也不必為了孩子而強行堅持，那是一種折磨，實在無法緩和的怨偶，不妨在坦率的溝通後放手，人生太短，苦熬無益，敢作敢當，也是愛的一部分，能接受在一起，就要接受責任和結果。只是這輩子，肯定是虧欠了孩子，除非能再給他一份圓滿的溫情。

愛如何才能長久，沒有太多複雜的道理可以說，這是每個家庭每個人都要面對的問題，其實自己心中早就已經有數，只是能不能做到罷了。

忍耐罷，平淡後

人的情感，本來就是煩惱的一部分，情感本身就是迷惑的，它會悄無聲息地來，也會莫名其妙地去，有時候愈是待它百般珍惜，卻愈是生出許多麻煩；而常常放手釋懷以後，又發現感情又悄悄地回到身邊，等待自己的照顧。

要知道一份感情是否經得起考驗，要等到所有的激情都退去，所有的迷惑都解開，對方不再是神秘的天使，而是一個平凡甚至俗氣的人，特別是當與對方已經熟悉得毫無距離時，兩個人是否能夠依然彼此珍惜和甜蜜如昔。

這世間大多數的愛「是能夠相愛卻難以相守」。有位漂亮的女士幾年內換了十多位男友，每位都是激情開始，卻無疾而終地結束，每次提起她就很困惑，每個男友初開始相處時，都是神采飛揚，光彩照人。可是一段時間以後，各種不良的習慣便冒出來，最初的彬彬有禮也沒有了，感覺關係已經到了盡頭，愛的味道也已經淡而無味，於是就以分手來告終。

這位女士並沒有理解完整的愛，只是在理解一個因為荷爾蒙和生理本能吸引而引發的異性迷戀和炫耀的愛，這種愛會讓雙方都千方百計把自己最優秀的一面展現出來，經過對自己的偽裝，對自己理想狀態的表現，心儀的雙方都會看到一個精神煥發，行為得體的人，自然會迫不及待地與對方開始接觸和交往，甚至會恍惚間產生錯覺，認為此人就是自己要找的終身伴侶。但是卻想不到等熱情消散後，雙方都開始原形畢露，具有戀愛完美癖的人會容忍不了對方的改變，於是分手，繼續下一次重新激動，再失望的輪迴。

其實每一份感情都不會是完美的，都會或多或少存在一些缺陷，雙方都需要做出一些讓步和調整。有人開玩笑說：女人嫁個任何一位男性都會後悔。的確如此，不同的人有不同的美，只有對自己而言最合適，最順眼，最能忍受的那個人，可能才是最終的選擇，別人眼中的帥哥或是白馬王子，都無法與自己的個性吻合，依然是沒有辦法走到一起的。

我們說兩個人能不能走到一起要靠緣分。當然，這個緣分有百分八十的控制權在自己手裡，很多人追求的女性，卻花了很長時間都沒定下結婚對象，原因是她自己還不想為任何一個男人忍耐和犧牲，這不是上天不給機會，而是她認為機會都不值得珍惜，所以一次又一次地錯過。

愛而不能下決定的人需要多反省一下，我們一直在等待的那個未知，與現在的生活比起來，落差究竟有多大，我們內心在抗拒的那些接受，是因為哪些不能忍受的執念；如果自己真的感覺等待更有效，那就不要擔憂，不必顧慮，再等一下，不必刻意為了證明什麼而勉強自己。

假若這個過程中有自己的我執，對愛情的不正確思維，對他人的恐懼，對群體的冷落，對個性的執著，那麼就要做好調整，所有美好的東西都是經過一定忍耐才能成功的，美妙的舞者要經過數年的忍耐與磨礪，美好的氣質也是多年忍耐修持的結果。愛情中一定要有忍耐，才能有蛻變，不要執著地認為哪些是正確的，哪些是不能放棄的，只要關照內心，揪出自己那些批判的心，晃動的迷惑，那些妄念，把那些不需要堅持的是非觀，得失心，統統拋掉，才能徹底領悟在感情中的諸多智慧。

為了贏得人生中重要的東西，就要做一個心智成熟的人，一個敢於犧牲的人，一個能收能放的人，那樣我們才能真正快樂起來，才能擺脫掉情感的煩惱，不再困惑和迷惘。

夫妻之間，父母子女之間，感情已經平淡如水，從初期熱烈的情感，變成了和緩的溪水，愛情與親情之間已經難以劃分界線，妻子與丈夫之間，像父女，像母子，也像兄妹或姐弟，荷爾蒙的作用已經逐漸減少，兩個人相濡以沫是因為珍惜，因為習慣，因為默契。

誤解和衝突依舊是難免的，如果誰都不謙讓，不妥協，不忍耐，那很小的爭論都會變成激烈的衝突，假如一時衝動，說出一些令人後悔的話，那麼裂縫就產生了，信任的碑石也就面臨崩潰的邊緣。

在夫妻間，要很嚴肅地有一些約定，不論關係惡化到什麼樣的境地，千萬不要動手，特別是男性，要恪守這個準則，深仇大恨的人才會如此相互對抗，夫妻之間是親人，這點尊重是需要有的，只要不發生過分的衝突，就應該冷靜下來；至於女性，在任何時候都不能隨便提到分手或者傷害男性自尊的話，特別是在外人面前，更是要學會控制情緒，理智面對，不能傷害一個家庭中男性的尊嚴，不能讓他屢次受到打擊和數落，否則就是愚蠢的人。

平淡的生活才是真實的生活，我們不可能每天一路凱歌，歡聲笑語。日復一日的家庭生活會使一切逐漸變得平淡，眾多的習慣已經不再構成新鮮的氣氛，能夠一起度過平淡的日子，感情才會歷久彌堅。

情感也是對人生非常好的修煉，很多人都明白，不經歷感情，男人沒有辦法成熟，女人也無法嫵媚，這是因為在情感中有許多無法言表的細節，需要兩人合力用心去磨合，去溝通，去遵守，忍耐之心，犧牲之心，分享之心，這些基本的原則，說來簡單，要做起來卻非常困難。我們用感情這個道場，來踐行自己的忍耐和分享，去除執念，從自己愛的人開始逐漸消去那個自我，愛別人愛眾生，從而獲得圓滿的人生，平淡而甘甜，自由無礙，寧靜自在！

愛欲與苦修

沉浸在愛中，人的心是最為柔軟的；柔軟的感情是人最溫暖，最滿足，最純淨時候的感覺。彷彿每個人都有軟肋，愛是大多數人共同的致命軟肋。所以傳說中要檢驗一個人是否具備佛性，能否證悟生死，超凡入聖。佛菩薩往往會利用幻想，引這個人的靈魂到各個輪迴中走一遭，只能能夠不出聲，便算是修得正果。一般都會用各種刑具拷問，油煎，鎖骨等等殘忍的方式來考驗修煉者的意志，結果大部分的受試者都能夠順利挺過來。結果當幻化修行的人結婚生子，將修行者的孩子當面摔死時，修行的人卻無法忍受，大聲叫起來。

愛欲難離，這是大部分的人都要面對的問題，愛是不必要迴避和恐慌的，這是美好的情感，極好的修煉機會，所以不必防之如洪水猛獸，當老和尚說「女人是老虎」時，小和尚便已經升起了好奇的心思，愈是拒絕與遮掩地去控制，愈容易令未知者充滿瞭解的衝動，效果適得其反。

當愛成為愛欲，在一個人心中熊熊燒起時，也是一種極端的煎熬。因為愛經由忍耐和犧性，能夠控制在平淡與自在的領域中；但是愛欲卻不知饜足，它會不斷地為了欲望的滿足而去索取，去控制愛，去尋覓，如同惡鬼嗜血一般，會不斷地去為了滿足而不顧一切。愛欲是源自原始生命力的潛在衝動，是每個人都無法避開的，只是修行較高的人，會逐漸用意志控制愛欲，用修行和清淨來澆滅熊熊的欲火，但是大多數人卻會被愛欲控制，或者在某個時間內被愛欲控制。

愛欲必須得到有效控制，不能任其發展，僅僅以「人性」的概念來談及愛欲，是不合理的，就如同與吃人的野獸也要談萬物平等一樣，只有在一定的控制範圍內，欲望才能被賦予人性的色彩，不然，愛欲會反噬人身，讓人無論處在任何年齡段，都只是幼稚的成年人，未能擺脫野蠻的現代人，沒有智慧的人道中人。

只要將愛欲有效控制，把火焰浸到水中，才能使無序的欲望發展成有情眾生的特徵。羅洛·梅在《愛與意志》一書中講到克服愛欲的辦法和好處：「只有有掌握它，勇敢面對它，與它發生關係，並將它調和於自身的自我系統。這種消化作用可謂裨益良多，它能加強自我的力量，因為它調和業已被排拒的東西。它能克服分裂性，克服自我的矛盾狀態。此外，由於它能擊碎自我偽裝和冷漠的疏離感，則它能使個人變得更為人性化。」

西方人總是非常理性去判斷問題，一方面講明愛欲一定要得到控制，另一方面愛欲需要進行再次消化，不是一點都不存留地泯滅愛，而是將欲望制衡起來，成為柔軟溫和的愛，來撫慰心靈中的矛盾、偽裝與疏離感。

佛法雖然未說有情眾生當如何面對愛欲，但是卻將愛欲作為「八苦」的一種來告誡修行者。而對修行者而言，首先是一個凡人，其次才是一個脫離了凡俗眾多煩惱的人，對從未體驗過男女情感，未能得知其甜，卻要壓制其苦的修行者，在修行中或許都難以名狀如何去控制與化解。

世俗的人卻可能會經歷過無數次的拒絕、拋棄、失落與徬徨，在愛的烈火中被冷落過多次，使得強烈的欲望不再熾烈，加上社會與周圍的引導，能夠逐漸控制自己的舉止，達到合適的範圍。如果能夠經由修行的引導，洞透愛欲的幻象與誘惑，無所住而生其心，不執著於幻想，透過勇敢的面對，控制與引導，使欲望成為可控的眾生之情，甚至轉化為一種溫暖柔和的慈悲之心，那將是更大的收穫。

另外，我們生活中會遇到無數的欲望，不需要迴避和恐懼，只有巨大的痛苦才能帶來更高明的智慧，在欲望中糾纏得愈是艱難，等有一天從苦修中解脫出來時，才愈是澄明清澈，無牽無掛。

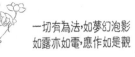

第六章 情緒是水波

若復有人得聞是經，不驚，不怖，不畏，當知是人甚是稀有。

有人戲稱「波」為水之皮，情緒乃是內心之皮，留藏了多少智慧，此皮便有多深厚——萬丈深潭不曾驚濤駭浪，淺灘濁溪，卻因風而浪，因石而泛——無法沉積，則無法得到大涵養，不曾體悟大智慧，必會因周邊小小驚動而大起大落，而短暫的今生今世，怎能承受這諸多的跌跌撞撞！若能於二十歲悟到四十歲乃至六十歲、八十歲的生命至理，並篤行之，此人必是稀有。

當別人怠慢你，誤解你，辱你，罵你時，你會怎樣？是的，逆來順受，一味忍讓的態度是不能夠接受也不被鼓勵的，當然，現代社會規則下有對不法行為的懲罰辦法，而我們自己，卻不能被這些事情傷及靈魂。

把自己那顆突突亂跳，血脈賁張的心按一下，讓它冷靜一下，以牙還牙，以血還血是簡單而膚淺的邏輯，讓法律和強制機構來懲罰他們，不要因為這樣的事污了自己的手，毀了自己的平靜。

最外露，最膚淺

在諸多的人中，最讓人反感的一種人就是情緒起伏劇烈，表情變化迅速，壞脾氣像暴風驟雨般隨時都可能降臨到周圍人的身上，一點小事情都可能引起對方劇烈的反應，高聲厲喝，吹鬍子瞪眼，嚴重時，甚至拳腳相向，六親不認，這種人在心理學上認為是有狂躁症，心理不健全的表現，但是在現實生活中，他們卻認為這種極端的情緒和暴躁，是自己爭取被人重視和生活權利的武器。

這種人是值得同情的，他們還沒有學會用正常的方式來與人溝通和交流，沒有學會用不傷害自己和他人的方式來達成和諧的關係，他們是幼年便被溫暖和群體拋棄的人，隨著年齡的增長，終於學會了以瘋狂的方式來解決問題，贏得認同。

可是他也許不知道，這種人永遠難以獲得的認同，與他故意表現的強悍外表恰恰形成強烈反差的是，在內心深處，人們更多的是對他的悲憫，而不是由於震懾。一旦其情緒過度失控，人們會採取避而遠之的方式來遠離他，即使是親人，也不願再與之親密相處。

試圖用強橫情緒的方式來影響他人，維持權威，永遠是徒勞的，最終會失去更多。正如流水與石塊，看似堅硬強悍的石頭，卻最終會被流水日復一日，年復一年地沖刷成圓潤的模樣；因為情緒永遠是一層表面的東西，它浮在我們身體的最表層，從大腦的衝動開始，變成臉部的僵硬與肌肉的失控，那時候的人體，是被腦袋中那個歇斯底里的惡魔控制，完全忘乎所以。

我們大多數人都是要經歷與嘔氣、失落、發火、悲痛、憤怒進行纏鬥的過程，人的七情六欲是生而具有的，沒有情緒起伏的人是不存在的；我們無法控制不良情緒的產生，但是卻可以控制情緒是否要傳達到周圍的人身上。

認識一位很有修養的女士，她擁有自己的公司，下屬很擁戴她，生意也非常不錯，屬於典型的女強人類型，更加難得的是，在家庭中居然也非常成功，老公非常疼愛和呵護她，在朋友圈子中，大家都非常敬佩她，能夠將事業與家庭經營好，這是很困難的事情。我們試圖向她取經，沒想到該女士僅作了簡單的表達：

「我從來不抱怨，不生氣，也不喜歡發火；問題出現，爭執不能解決衝突，喋喋不休也不是好的解決途徑，多用行動，少發脾氣，就沒有過不去的坎兒。」

也許世間的真理的確是最簡單易懂的道理，少發點脾氣，多用行動去解決問題，爭執與發怒的時間，也許已經能夠把問題解決了，可是不少人仍然要逞一時之快，口水四濺，唇槍舌劍，可是到最後呢，還是於事無補，要不就放棄，要不就只好重來。

聰明的人不會去斤斤計較這些瑣碎的小矛盾，西方人認為，那種對各種挑釁的事件反應較遲鈍（鈍感較強）的人比那些迅速表現出對抗意識的人，在事業和生活中更容易接近成功，這也是為什麼很多人喜歡跟那些所謂的「傻大姐」、「憨厚樸實」的人一起相處的原因，這些人不會因為一點小小的衝突便反應強烈，輕則性情大變，重則反目相對，跟鈍感較強的人相處，人們會感覺到安全與明朗，雖然平淡，卻寧靜悠長。

這從另外一個側面能夠證明，能夠有效控制自己的情緒，對周遭的細微侵犯置之不顧，並且確認行動大於衝突的原則，就更加容易感受到生命中的和諧樂趣。

在受到攻擊時，八十五%的人第一反應是要與對方對抗，這是一種反射性的動作，可是剩下的那部分人，除了自然的鈍感群體，還有一部分，是真的能夠用自己的慈悲、寧靜、自信與氣度來按捺住滾滾的浪潮，把它們化成涓涓細流，依舊保持著心平氣和的態度，讓對方平靜下來，也讓周遭的氣場接受到自己的影響，變得理性下來。

能夠控制住情緒的人，在氣勢與對抗性上，比那些咆哮的激動者更有力度。一個能夠控制場面的人，最初是靠著一聲震吼，但是到最後，能夠讓周圍的人真正冷靜、理智起來，靠的卻是心平氣和，從容不迫，有條不紊，合情合理。

這是一種真正的自信。膚淺的小溪才一路激浪前進，深邃的潭水卻包羅萬象，寧靜如處子，不驚不怒，不溢不虧，卻絲毫不能容人侵犯，因為它本身的實力已經足以震懾人心。

活得簡單，但絕不輕薄

簡單即是美。

每天想著今天誰對自己不好；昨天誰又跟誰出現了衝突；自己又有哪些事情需要去打理排解……，日子真是繁瑣得嚇人，彷彿一個人要分成四、五個人一般，天天被各種糾纏的想法和念頭牽絆著，東家長西家短，瑣碎而繁雜，混亂又無序，可是很奇怪，居然有一些閒來無事的人，喜歡過這樣的生活。

這樣的生活是複雜的，也是自尋煩惱的。不妨試著將一大半的事情放下，不再理會，看看日子又會因此變得如何。

簡單地活著，明朗而清爽，吃飯時吃飯，睡覺時睡覺，遵循著自己的規律與喜好，不為外在的言辭與行為所控制，過自己的生活，輕輕鬆鬆，簡潔清爽，他人的私事不要涉足，他人的生活勿多干涉，更多關注自己的生活，讓一切更條理，道理更明白，日子更簡約。

簡單的生活不是簡陋的生活，把生活過成三點一線，粗陋刻板，那不是真正的簡單。簡單是將複雜的生活一點點聚合到一起，從散亂的珠子，變成條理的串珠，從彎來拐去的曲徑，變成筆直的通徑，不經過精心的安排與思考，是無法將生活真正過得簡單的；而只是一味取得簡單而將生活變得粗鄙不堪，那樣反倒增加了無數生活的負擔，讓原本混亂的生活變得更加混亂，那所謂的簡單，只是不再去關注那些混亂而已，於事無補。

簡單的生活不是輕薄的生活。完全被欲望控制的生活，隨心所欲，任意而為，也不是真正的簡單。人的性情缺乏一定的約束與控制，那麼行動愈是隨意，帶來的危害便愈大，會逐漸迷失本心，無法控制。

簡單的生活是充滿理性的，充滿歡喜的，類似一種詩意的棲居，將生活各種瑣務勞動都當成修行的道場，不計較，也不推諉，興到極致，一桶桶水來來往往提著轉圈也是有意義的事情。曾經聽一位著名的演員講自己認為最浪漫的事，他說：是一次在聚會中開紅酒瓶，大家在一起飲酒，開心得聊天，他一個人在一邊默默地開著酒瓶，聽著塞子有節奏地「啵—」一聲「啵—」一聲打開，然後他一杯一杯為朋友倒酒，開了三十多瓶，他覺得那晚上給自己留下的印像很深刻，那是一種簡單重複中的浪漫。在那種酒瓶打開，酒倒好，送到對方手裡的過程中，一遍一遍被細緻地進行著，很簡單，但是卻非常圓滿，很多情，也很安靜，那是一種正在關注友人，幸福地享受群體中自己一個簡單動作帶來的滿足與確認，很充實，也很平淡，卻非常美好。

我們其實經常可以體會到這種簡單的愉快，一切都不需要講得太明白，在一個偶然的機會下，我們掏出久違的小手工，一點點裁剪，一點點黏貼，在精細地完成把每個環節黏到一起的時候，那時候的成就感甚至比得到一大筆獎金還令人愉快。

生活簡單的人不會喜歡每天都在外面的餐館吃大魚大肉，山珍海味，卻貪戀著家裡飯桌上的那碟小鹹菜；簡單的人不喜歡把自己逼到人際的夾縫中，變得畏首畏尾，戰戰兢兢，卻喜歡與談得來的朋友神侃海聊，不逼自己做可做可不做的事情，這種生活也非常舒暢；簡單的人不喜歡給親愛的人製造太多的壓力，明明是一件不太如意的事情，卻為了讓親人輕鬆，故意用幽默的方式表達，一笑過後，還是自己賣力地堅持。

其實簡單的生活是一個智者在經營屬於自己和親人的生活，屬於朋友與宇宙的生活，不必躲閃什麼，卻需要在規則之下，開個小小的玩笑；不需要承諾什麼，卻能讓周圍的人感到安心與美好。

因為這個營造簡單生活的人，有顆並不簡單的心。

熄滅怒火，忘記它！

發怒的人，讓怒火在當時停下來，是有一定難度的。

當時的整個人，已經變成了一個被激動和瘋狂控制的動物，已經無法接受其他的任何勸告與建議，所有衝到怒火浪峰的人，隨時都有可能被捲進去，成為犧牲品的一部分。

怒火不會維持太久，控制力好的人，也許幾秒鐘便冷靜下來，意識到自己已經進入失控狀態；而相對任性一些的人，會維持幾分鐘，繼而會因為疲憊與對方的退讓而平息下來，但是怒火的火星還在。

一個人失去理智是多麼可怕，我們曾經見過失控的母親，竟然親手將考試成績不理想的孩子勒死！多麼殘酷，這世界上可能會有殘忍的孩子，但是卻極少有殘忍到將孩子殺死的母親，不知道在極端的怒火下，孩子看著母親那張猙獰扭曲的臉，內心中是多麼的恐懼與悲傷！而不諳世事的孩子，也絕不會在死的那一刻原諒母親，在來世中，也會因這業力來報應母親的轉世，這樣一世一世地孽緣持續下去，不知道何年何月才能消散徹底！

想像一下，就是那一刻鬼迷心竅的失控，那一刻縱容著自己強烈的欲望和瘋狂的思維，結果一下把自己正常的生活打亂，節奏失調，甚至在這極端中做出不可理喻的事情，多麼可悲！有些法師認為，在人極度發怒，處於癲狂狀態中時，那個前世的「業」就在發揮作用，以前所累積下來的仇恨與怨氣，就會釋放出來，一旦自己控制不好，那這一世的修行就失效了，只好轉入下一世繼續消除。

其實從這個角度來理解我們的生活，雖然可能是真實的，卻有點責任旁落的意味；萬一我們下一世不是人呢，那還要等多久才能重新消除？而我們無論有多麼地高明，僅僅能意識和感受到這一世的生命，這麼難得的機會，這麼短暫的生命，卻因為怒火的無法自控，而受到嚴懲，失去生命機會，這在因自然災難中失去生命的人面前，會顯得慚愧。

自作孽，不可活。

可是這個孽，是可以控制的，是可以避免的，為什麼要縱容自己去進入那不可控的狀態？貌似瞬間的激烈衝突，其實反過來想想，這個種子早就已經埋下了，小時候受寵過度，冷落過度，責任承擔較少，或某方面較突出的人，長大後往往會有較大的情緒起落，非常容易陷入歇斯底里狀態，因為環境落差太大；成年後，逐漸會在人群中變得很不受歡迎，而責任承擔感較差，會降低成就感帶來的鼓勵，這時候一旦受到挑釁和刺激，便會激發其反社會的殺機，公共秩序的準則，已經無法控制他那刻瘋狂的情緒，所以很多人舉起屠刀，能夠一下子殺死幾個人。冷靜的殺人者也有，這看似冷靜，卻是更加極端的狀態，他已經在思想上徹底接受自己的瘋狂行為，將自己變成一個完全沒有理性的人，甚至連刺激都不需要，就能隨時做出極端行為。

瘋子大多數都是冷靜的，可是感知和認知卻是錯亂的。我們每個人心裡都有一些癲狂的種子，正如佛性的智慧也在我們內心深處發揮作用一樣，所以我們常常感覺到矛盾、痛苦、焦慮和危機，這些都是很正常的，只要我們能夠隨時用智慧的光芒來撫慰一下疲憊而受傷的靈魂，那份業障的怨怒就會逐漸減弱下來。

警告自己經常保持著平衡的狀態，所有的不高興、不如意，受傷或者打擊，其實都是很正常的，人世間絕對沒有任何一個人的生命是完美的，是沒有任何挫折的，我們每個人都在忍受一些煎熬，看似生活圓滿的人，他們也有自己的煩惱；而你認為不足為怪的事情，卻可能是別人內心極度糾結的死穴。

在日常生活中，要讓自己學會尋找生活的樂趣，多將注意力放在令人愉快的生活經驗上，有幾個建議：

一．享受美食，爬山，聊天，唱歌或者下棋玩牌，這些方式能讓生活多一些趣味，不至於經常蜷縮在自己那個狹隘的精神世界中，被所謂的煩惱逼迫得喘不過氣來；

二．每天也要多做些反省和自控，不要對一些指責或者怠慢有太多的負面心理，多反省自己的行為，多原諒別人的行為，也許他們一樣很無奈，不要計較太多微小得失；

三．學會對自己不斷提升和調整，不要抗拒一些改變，女孩子不喜歡化妝打扮，但是偶爾可以嘗試一下，或許會發現一個完全不同的自我；男孩子不喜歡主動承認錯誤，但是不妨嘗試一下，或許會發現放下鎧甲之後的自己很可愛。當然，毒品和危險遊戲千萬不要嘗試。

那些在控制自我過程中比較艱難的人，也是能夠理解的，有些過度的控制，甚至可能引發一個人性情急轉，消磨掉其本人長期形成的靈性和創造力，所以，建議那些好動口快心直的人，對自己爽朗的個性不要太刻意調整，多將自己的精力放在一些對工作細節的完善上，這些人往往能夠做出完美的成績，將關注點和愉快建立在成就感之上，那麼生活中的瑣事和冒犯便不會再對你構成威脅。

思量過去、現在、未來

我們都在逐漸趨向成熟，不論這個過程是出現在十幾二十多歲，或者更晚的時間，總會有一個年齡，我們能感覺到一些特殊的變化，比如敢於反思父母和身邊長者的言行，已經能夠與同齡人溝通一些深入的領悟，對學業或者自己的未來，突然有了一些朦朧的感覺，已經著手規劃一些事情，自己動手解決一些問題，心中有了一些小秘密，學會了獨處，而且發現比較有樂趣，當然，想哭的時候也不只是嚎啕發洩，而是懂得了偷偷抹眼淚。

我們在長大，逐漸融入成年人的社會，周圍人再也不會用面對孩子的態度與我們說話，我們的表達和表情，也逐漸懂得了對不同的人，用不同的方式，在不同的場合，用什麼樣的言辭。我們在學會一些規則，也在拋棄許多不再適用的習慣與脾氣。

這個過程仍然是帶著一定艱難性的，每個人的成熟都會經過很多反覆，過去的經驗和榮耀會逐漸失去作用，我們需要不斷面對新的生活和環境，而隨著成長的變化，曾經交好的朋友也許離開自己，有些即使不太喜歡的人也因為種種原因，要在一個工作環境中相處，我們學會忍讓、忍耐、包容和放棄，從一個「小我」的世界中逐漸關注到外界，從內在的真誠，逐漸發揮至自己與他人，自己與環境的和諧。

這個調整，隨著年齡的增長，會愈來愈成熟，最終，我們會形成一種個人獨有的風格，內斂、張揚、幽默、包容，很多種個性都和諧地停駐到我們的性格中，形成一個獨特的自己。當然，我們也學會了戴上面具，讓自己給不同認識程度的人帶來不同的印象，我們懂得了包裝自己，便於維護內在的一些形象與尊嚴。

無論我們所堅持的那個自己是怎樣的模樣，但是我們內心深處卻一直有一個更加理想的自己在遠方，所以很多時候我們看照片，看著看著總覺得自己似乎總是不完美的，或者會對著鏡子端詳半天近乎陌生的自己，這是一種與自己的陌生感和輕微的自尊心造成的，在逐漸認識自我的真實之後，這種感覺會逐漸實現形神的吻合，自己會確認外觀、內在、能力與修養等諸方面的真實。

並且在這個真實的基礎之上，開始找到自己準確的定位和方向。我們很多時候是在比較盲目的情況下做了選擇，對環境不熟悉，對從事的領域不熟悉，對即將相處的人不熟悉，但是在一些世俗觀念的引導下，進入到這個領域中，可是最終發現，自己的個性與這個環境的特點格格不入，於是只好調頭回去，重新選擇。

未來究竟是怎麼樣，是我們過去的經驗和今天的選擇決定的，至於未來的選擇，能否稱得上是一個理智的，符合自己特點的生活，我們並不是不可以控制，只是是否具備足夠的智慧加以清晰判斷。沒有辦法領悟到智慧的人，會在很長的時間內摸索，同時也是在扭曲自己，耗費生命與精力。這樣的未來不是未來，而是胡來。

很多人在經過很長時間的探索之後，恍然大悟，開始慨嘆：如果二十年前我能夠領悟到這些道理，那麼今天，肯定會更不一樣。是的，如果能夠更早領悟到這個道理，的確能夠繞開很多彎路，可惜這個經歷帶來的領悟是無法繞開的，就像吃包子的人吃到第三個才會飽，於是就後悔說：早知道先吃第三個包子。

在某種程度上，後悔是一件於事無補的事情，反省才能對未來產生一定的指導作用，時間無法倒退，所以要多動用智慧，現在就做好充分的準備，不要等到某天，必須回過頭來說：早知如此，何必當初。

如果有可能，還是要盡量在二十歲時，去領悟一些很多人要到四十歲，甚至更大年齡才會領會到的道理，當然，懂了道理還要不斷地去實踐和執行，不要固執，也不要當成真理去全盤吸收，修煉中，有百分之八十要靠自己的努力和不斷調整，這點非常重要。

曾經有個社會經驗很豐富的學生，很不屑於與同學的經驗分享，他的確比同齡人有更多的經驗，但是老師卻非常嚴厲地批評了他：你對自己那點經驗沾沾自喜，但是你也許不知道，你的那點經驗，就只夠當一個不錯的打工者，自己卻以為已經超越別人很多，這種愚蠢的觀念，會讓你的未來變成什麼呢？一個連人際關係都難以處好的打工者而已。

其實就是這樣，不要固守在自己的小圈子，自己的那點經驗和知識，拿到更多的圈子中去對比下就會知道，自己只是比別人高一點點而已，而且可能會在很快的將來便被超越，這不是有優勢的未來，只有不自滿，不斷調整和提升，不斷完善，才可能實現超越，真正實現理想的未來。

不要太在意今天所面對和經歷的這些事情，因為時間會不斷過去，今天改變不了的，以後也許會有機會改變，所以我們過度的憤慨，可能會傷害自己，一點不值得；而今天沒有實現的目標，還有未來的可能性，不要在今天就感覺到萬念俱灰。用一種不斷向前推進的心態來面對我們的過去和現在，在和平盛世，未來總是會好過現在。

做個靜思篤行之人

要讓一個對生活和社會不瞭解的人，學會平和、冷靜地生活，這不是一件容易的事情，就像讓一個天真爛漫的孩子，天天安靜地坐在房間中，也是非常不容易的，世界上還有很多新奇的事情是自己所未知的，這些幼小的孩子還學不會從安靜中獲取到快樂與智慧。他們要去摸一下，去碰一下，去撞一下，才能瞭解事物的狀況，可是，我們不知道，這些肢體上的行動多變，其實並沒有影響孩子心中的純淨和愉快，他們的寧靜是天生的，不需要去調整和控制的，他們的笑或哭是不須經過任何大腦去反應或者決斷的，很自然，也很平常。

這種平靜，是人們在沒有意識到智慧，也不需要奉行智者生活的時候使用的，因為社會能夠原諒一個不諳世事的孩子所作的一切，他們沒有完整的認知和判斷，他們的行為出於本能，雖然其中也有大人的唆使，可是他們本意究竟是什麼，那張像白紙一樣的幼小面孔是不會太清楚的。

成年人卻在各種欲望與壓力中，靠著靜思的力量來尋找到這種沒有障礙的、純淨的精神狀態，才可能獲得如同孩子一般的快樂與滿足。無論我們的生活多麼緊迫，我們的時間多麼有限，都要時時靜下來，翻翻書，給自己泡杯茶，找個地方，坐下來，享受一下寧靜帶來的無邊無際的充實；或者站到窗前，看看遠方，去感受一下大腦中那些深遠的體會。樹葉在陽光下閃閃發光，也許你開始慨嘆韶華的流逝，卻明白了成長的必然；高山綿延著美麗的曲線，你在讚嘆自然的力量，卻也感悟到了人類的渺小。

我們能夠從不少寧靜的觀察中，感應到一些與生活經驗不同的領悟，如果說生活不斷在教會我們微觀的謀生之道，那麼這種領悟，其實是一種對宏觀智慧的掌握，人與自然，人與時間，人與環境，這些與物我相觀相察而產生的思維，更能讓我們領略到一些深邃的意境。我們也會藉由這些領悟，變得逐漸成熟。

我們不斷強調要如何獲得智慧，但是獲得智慧，最終要實現的結果卻是讓我們的生活變得更加順暢和諧。我們很多時候會把這種定力與從容，形容成是某個人非常成熟。這是因為在世俗眼中，成熟，也意味著這個人對自己身分、自己的職責、自己所處的環境均能夠做出準確的判斷，並且能夠在言語與行動上做出一些適當的調整，融合到這個環境中，合情合理，切合實際地表現自己的思維與狀態。

順應環境，融入環境，這種游於無形的智慧，是真正的智慧。看似平常，卻堅韌馨香，如同我們喜歡喝的茶。

茶味也許清苦，卻微微有些回甘，我們的生命也是這樣，先是一棵舒展的嫩芽，光耀舒展地生長，後來經歷風霜、日曬、雨淋，讓我們不再那麼稚嫩嬌貴，身上也會多了一些傷痕，但是卻更加茁壯，更加韻味綿長；直到後來，要把自己內心的精髓挖掘出來，於是不停透過水的洗滌，火的訓練，風的叮囑，不斷把自己揉成一個緊致有力，卻看似平淡的茶葉，這時候再將自己丟到任何一個環境裡，渾身散發出來的香氣，已經能夠讓自己和周圍的人感覺到寧靜和美好了。

日本人非常崇尚茶道，也是對靜思方式的一種留戀。寧靜的心靈，寧靜的生活，如水一樣清澈流動，卻擁有不可估量的力量。真正能夠做到寧靜的人，其做事做人，都是非常誠懇踏實的，不汲汲於富貴，不戚戚於貧賤，所有的精神與力量都集中在當下手中的事情上，一旦決定要介入其中，便心無旁騖，專心致志，所謂「寧靜致遠」，是源於寧靜心靈深處的專注、質樸與堅持。

欲望太多的人，無法寧靜，顧慮太多的人，也無法寧靜。一個寧靜的人，即使面對王侯將相，都是平和從容，因為其內心坦蕩，不驚不懼；即使面對洪水地震，依舊不驚不亂，因為內心有大道天命的共鳴。大善 之人，不會用表象的激動來顯示內心的悲戚，因為行動才是解決問題的不二法門；大悲之人也不會喋喋不休沉浸在過去與鬱結之中，因為還有更美妙的將來，說得太多，便不再是事情原本的模樣了。

現代人喜歡說「高調做事，低調做人」，其實暗含了以寧靜之心來自觀，以不斷行動的姿勢來應世的智慧。人生存於天地之間，是需要學會與萬物相融合的，大自然教會我們用很多不需要用語言表達的智慧，我們要用心去體會；而作為人，又必須是勤奮的，懂得珍惜時間和機會，只有這樣，寧靜的領悟才會更加深刻，人才會真正從容，真正懂得大智慧。

第七章 微笑的靜默

不可取，不可說，非法，非非法。

心與口之間，永遠隔著無法跨越的鴻溝，如同百般解釋糖有多甜，而從未體驗過的人，怎麼清楚那是何種滋味！這世間，總有些說不清道不明的事，如眼神中的那點靜默閃耀的若有還無，似嘴角那抹欲言又止的似笑非笑。多少次，以為說清楚了，卻發現已經完全糊塗了，而靜默時，印於心底，卻又找了回來；可是聰明的你可知，究竟是因為不能表達，還是因為我們不曾懂得如何更好表達？

有些話，不說出來，反倒是好事。語言是個奇怪的東西，你愈是千方百計希望它能直指內心，就愈發現它的能力很有限，總是會有很多語言會被引導到未知的領域，一句話，可能毀掉一個人的一生。

千言萬語，一寸行動

行動的力量永遠強於語言，這是世界上顛撲不破的真理。雖然，語言的能量也是我們必須關注的。但是如果有機會用行動來證明某件事情，不妨多採用這樣的方式。

在智慧面前，過多的闡釋其實是有害的，因為也許並不複雜的道理，經過重重的講解與引導，就變得紛亂複雜，佛陀的思維邏輯性非常強，在講解眾多難解的問題時，可以透過眾多的說法來一一明示，可是我們大多數人很難做到，不斷地闡明同一件事情，卻能絲毫不亂，愈來愈清晰。

何況由於內在知識的儲備與思維的邏輯性，會讓我們大部分人經過長時間的表達後，變得枯燥而乏味，這也是我在寫這本書時感覺非常汗顏的原因，經過不斷的闡釋講解，原本的道理也變得面目全非了，罪過罪過。

正因為在佛的智慧中有這麼多無法順暢領悟，無法準確表達的迷惑，才導致無數思想者去努力探索和研究，難度愈大，其中的玄機愈能引起無窮的思索與熱情。

可是無論是多麼深刻，多麼美妙，多麼有用的真理，只有在行動中才能得到真正的印證和完善。我們要瞭解一些道理，不是靠著嘴巴不停的解釋，很多智慧真言，對很多人並不起作用，因為他們的生活經驗還沒有達到那個程度，對如何管住自己，如何有效修煉，如何與人相處，還缺乏一個真實感受的環境引導，所以這時候跟他講任何道理，可能都是沒有用的。

所有的傷痛比愉快更能帶給人成長，只有經歷過的事情，才能夠領悟到某個道理的珍貴，只有某次不小心錢包被扒後，才能加深他的警惕下次才會多小心點。只有被人傷害，才知道原來自己口無遮攔，信口開河會帶來多麼大的危險。一個年長的人往往比年幼的人在處理很多事情上似乎更周到一些，就是因為他們經歷了更多的事件與失誤，逐漸按照自然的判斷總結出一些規律。

這種樸素的智慧，是靠著年齡和不間斷的自我反省形成的。而看這本書，渴望獲得近智慧的人，則會在一些已經逐漸總結出來的環節中，直接感受到一些道理，如果能夠透過行動的執行和印證，那麼就會更快地接近這些智慧。

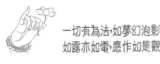

有位居士問我，佛經中真的有很多非常美妙的智慧，但是拿著佛經的原卷去讀的時候，真是雲裡霧裡，不知道該怎麼理解這些深奧的智慧，而聽著師父們講解一下佛經，有時候又發現是我們生活中常見的道理，又難免要生出一些疑惑，難道佛經中的智慧真的是與我們的生活這麼接近嗎？

這種反思是非常不錯的觀念，佛經中的原文與句子，要是真的去一字一句研讀精進，仍然只能取得詞句表面的意思，加上佛經是幾千年前的人用當時的語言習慣來記錄和表述的，以至於現代人研讀起來，在語境和深意上，也存在一定的障礙，更何況，僅僅是理解佛經表面的意思，又有多大的意義呢？

如果僅僅是一篇美文，那麼古時候很多文豪的作品，都讓人琅琅上口，才華橫溢，邏輯文采俱佳，但是卻無法成為人們千百年來不斷傳誦的經典，為什麼？因為其內在的精神，以及對人們思想與生活所帶來的影響，是無法與宗教的經典相比擬的。

佛經的智慧，並不是句句都關乎生活，現代人要理解這些道理，必須與我們日常司空見慣的事情結合起來理解，才會比較豐滿和透徹。事實上，如果對我們的生活沒有益處的經典，也是沒有必要不斷傳誦的。

只是一旦關乎了日常的生活，很多佛經中的哲理便顯得沒有那麼神秘，似乎一個幻影被戳破，變成了與世界上的心理學或者哲學有了很大的接近度一樣，其實這是一種誤解。佛經所傳達的智慧世界是遠遠凌駕於我們的現實世界之上的，它傲睨六道，對無數個大千世界均有恢宏的影響力。

美國有一部動畫電影《霍頓與無名鎮》，講述小象霍頓在一粒微塵上發現了一個「無名鎮」的小人國，裡面住著數千的居民，當然，他們太小，霍頓無法看到他們，只能靠聲音來交流，而小人國的居民也無法理解來自另外一個世界的一個噴嚏就成了颶風，一隻手遮住太陽就成了黑夜。這是兩個無法理解，但是卻同時並存的世界，從最初的質疑，到最後兩個世界的相互確認和溝通，這不僅僅是一種認知上的突破，更是一種生命價值的認同，霍頓為保護無名鎮，歷盡千辛萬苦，終於為他們找到了一個安靜安全的地方安頓下來。

其實我們的世界也是這樣的，在沒有經歷特殊的狀況之前，我們不能夠領悟很多超乎自己現實生活的那些規則和秘密，但是，無論在哪個世界中，有些道理都是相通的。在這個現實世界中多一些領悟和體驗，多一些行動，即使是被解釋過的佛經智慧，依舊是非常值得珍惜和遵循的。

人同此心，心就是佛。

管住口，守住心

禍從口出，病從口入。一口四方，須慎須防。

有些人說自己人際關係總是不好，有些人表示不明白，為何身邊最初圍繞著自己轉的仰慕者最後都會選擇離開，這是一個難解的問題，但是有一個原因也許是能夠提供出來重新商榷的，就是檢驗自己的言語和表達方式。

這世界上如果還有殺人不見血的刀，大概就是我們嘴裡說出來的話了，傷人於無形，害命於無意，多少人因為一、兩句刻薄的話，失去一群朋友，相信天底下沒有天生便是狠心的人，但是卻因為一、兩句表達不善，讓自己變成他人眼中的惡人，真是非常不值。

人的修養、品味，一張嘴說話，就什麼都暴露出來了，美女外表無論多麼迷人，如果缺乏之內涵，一開口，說幾句話，就什麼美好的感覺都破壞光了。所謂伊人，宛在水中央，看看古人對美女的定義：遠遠站在水天交際之處，靜若處子，脈脈相向。其中並沒有說伊人，音如珠玉。即使是聲音如珠玉一般美妙的聲音，如果內容貧瘠乏味，一場糊塗，也是大煞風景，所以寧可什麼都沒說，讓美麗者繼續美麗著。

語言能表現出一個人是否有修養，能把沒有修養的感覺表現出來，自然也能把有修養的感覺表現出來，只是，那時候需要心靈做好配合，一顆澄淨淡雅的心，加上處事不驚的態度，透徹明白的表達，這樣的組合很完美，能夠保持著較為持久的表達魅力。

真正對我們的語言提出高要求的環境，不是正式的場合，因為那情形我們已經做好準備，隨時可以應付一個簡潔明瞭，彬彬有禮，內容達意的完美演講；而那些私底下的生活，我們與自己的家人，與自己的朋友，甚至相處日久的同事一起溝通交流的時候，才是最考驗語言力量的時刻。

「好話一句三春暖，惡語一句三冬寒」，一句得體溫暖的表達，或許能夠帶來意想不到的融洽，而一句隨意無心的傷害，或者氣話，可能帶來深深的傷害。

在我們最放鬆的時候，也是最容易發生錯誤的時候，心的控制尺度鬆懈下來，說話和做事就不再那樣理性掌握，往往是心裡怎麼想就怎麼說，甚至心裡沒有怎麼想，都會任性地講出一些刻薄無聊的話，故意把一些情緒放到語言中表達。假如聽者也是在放鬆、隨心狀態，同樣對自己的情緒不加控制，結果就是兩個人都不願意輕易出讓自己的陣地，於是就從輕鬆的閒聊，變成了烈火熊熊的戰場。

嘴巴的力量真的是很大，而內心那份不加控制，不知調節的任性與自我，也是不可取的。

在不傷及原則問題的時候，小型的吵架，如只是聲音分貝比較高，臉比較紅，雙方都能保持著較穩定的情緒控制，在一定程度上甚至能夠促進兩人的交流和瞭解。不過這樣的溝通方式，僅僅限於那些平時不太善於表達自己，不透過一定的激發難以正常將意願與思想表達出來的人。懂得如何保持與人良好溝通和交流的人，就無須這樣激烈的表達方式，很多幸福的夫妻一輩子保持著通暢的交流與體諒，言語雖然不多，但是卻有尊重、信任、欣賞也有發內內心的愛，這樣的溝通，即使最簡單的幾個詞語，對方依然能夠體會到那種含蓄而深厚的情感。

很多相知多年的朋友也是如此，所謂君子之交淡如水，相知的朋友，不會天天膩在一起，每天保持著溝通與接觸，而是在內心深處，雙方的價值觀與世界觀保持著一種默契，一旦遇到某種挫折或者需求時，便會簡單交流一下，寥寥數語，足以得到內心的寬慰。

這種勝過語言的知心，其實是另外一個層面的交流，這種交流，語言只是一個指引，真正發揮作用的，是來自內心深處的珍惜與情感，如果我們每一份交流，不僅僅只是流於嘴唇上的簡單表達，而是發自內心的所思所想，誠懇而簡潔，和風細雨，娓娓道來，那種交流是一種享受，即使沉默無語，內心的默契依舊能夠延續很久。

多聽，少言

內心先透明了，領悟了，透徹了，再去訴諸語言來尋求其他心靈的溝通與理解，那無論做什麼事情，成功的希望就會大很多。

語言不是萬能的，但是傾聽卻有著巨大的能量，能夠帶給一個人無數的機會與智慧。、

我們都經歷過校園生活，一個上課喜歡私下說話的孩子，成績不會好，在周圍朋友中也不會是一個受歡迎的人，因為這個習慣透露出其表達的不當習慣與過分強烈。即使是在課堂這種以傳授知識為重點的環境下，他依然堅持自己的語言為主，而忽略了傾聽，不僅僅表明其心不夠專注，而且也說明他不是一個懂得尊重表達的人，在態度和控制力上，都是不可取的。

這個道理我們都明白，甚至有人開玩笑說：老天讓我們生出兩個耳朵，一張嘴巴，就是為了讓我們能夠多聽少說。可是一旦我們在日常生活中，與友人或他人交流時，不再緊張，全面放鬆的時候，我們的壞習氣就會自然而然地浮現上來，喜歡以自己的話題為中心，希望所有的人都關注自己的話題，都以自己為重點來表達，全然忘記要關照一下他人。

現代人都不太喜歡「好為人師」的人，對方總是喜歡喋喋不休地將自己或多或少的見解強加給周圍的人，甚至，這其中還有不少人是為了所謂提升「表達能力」而實施的訓練活動，這是多麼令人鬱悶的事情，一句好話，講上千百遍，也成了枯燥無味的甘蔗渣，更何況是無限的嘮叨。

適度的語言表達，能帶來寧靜、理解與智慧。具有過人智慧與知識的人，可以將朋友之間的交流看作帶有一定知識與觀點的交流，多一點知識與經驗的分享，話能投機，三夜不歇，也是一種享受；而過度的語言表達，卻是讓周圍人敬而遠之的「臭」習氣。當一個人只是喋喋不休談論著自己的問題時，讓別人充當傾聽者時，會被毫不客氣地說成是「倒垃圾」，如果不是彼此理解和親密度極好的程度，這樣的朋友多半不會長久。

不要把別人當成自己語言的釋放場所，在別人沒有準備接受的時候，一味地傾訴，可能會帶來無以為繼的尷尬。反過來，少說，多傾聽別人的想法與意見，則會有更多意外的收穫。

高層管理人員不要覺得自己有權教育他人，整天便只是會說教。多聽聽下屬的意見，深入溝通，也許比說一整天無效的大道理效果要好很多。往往生活中一些喜歡多說而很少傾聽的人，大多帶有自我個性或者領導習慣，將別人的位置總是放在被動的地方，自己主動去打探一個個的問題，對方一句話，這個人就會有無數的理由與理論跟過來，習慣性做防禦爭辯以及精神訓話。很多家庭關係不融洽的家庭，究其原因大多數是因為：大約有百分之九十是因為難以有效溝通。

雙方都不能耐心傾聽對方的心聲和意見，總是帶著成見一口否定對方的觀點，而將自己的意志強加到對方身上，在經過一次次的挫折感之後，談話者之間就很難形成一種交流欲望，更談不上彼此分享、心得了。

這種強勢的談話方式，完全無效的傾聽方式，在很多能力優秀的人身上表現尤其突出，這類人不僅僅是不會去聽對方在談什麼，甚至會設法打擊對方，雖然這種傷害有時候是完全無意識的，更要命的是，即使雙方的交流因為消極方式不歡而散時，強勢的交流者不會去主動承認自己的錯誤，而是會讓這種錯誤不斷延續下去，繼續發揮著惡化雙方關係的作用。

在表面上是一種語言表現欲望，實際上卻是一種控制他人，以我為主的執念，這種執念一直發揮著作用，就難免會在生活中遇到諸多的問題，過於強硬，缺乏柔韌度和包容度，最終會成為一個過於強辯、尖銳、剛愎自用的人，眾人久而久之也會疏遠他，因為每個靠近他的人，不僅不會被體諒，反而會被傷害，自然不會再有人願意成為他的朋友，也不會願意在困難面前伸出援手。

當我們每個人都有很強的自我執念時，其實都容易出現這種情況，只是程度不同而已。而事實總是非常好笑，在語言上故意將自己看得很重要，卻恰恰成為他人忽視的人；而喜歡將自己耳朵和微笑帶著的人，似乎將自己看得非常渺小，卻成為朋友群中人人喜歡的對象。一個具備親和力的人肯定是非常有智慧的，這種智慧不是小聰明般的能得便宜，卻是在捨的過程中，贏得眾人的信任與親近。

有些人自詡也具有親和力，卻可能只是初期討好式的低調，而不是發自內心的與對方同一立場感同身受，更不會習慣性的願意為對方的顧慮和憂傷付出自己誠懇的幫助。所以有很多人是天生的「自來熟」，一見面便會令人產生愉悅的感覺，可是相處久了，卻發現內在中有很多不可協調的隔閡與距離，最終雙方的關係也無法融合到某個親密的程度。

少說多聽，看起來是一個簡單的日常原理，其內在，卻體現出一個人對自己的定位、要求、持守，也體現出是否願意與眾人分享，是否願意真誠提供幫助。一個簡單的動作，卻可能是幾十年的修養體現，不可不慎。

慎語，莫妄語、誑語

言多必失。喜歡說狠話、說硬話、說氣話的人，往往容易得罪人，甚至會因此喪失性命；而妄語的罪責，也會消滅平時積善種下的道業，增加自己的業障，所以不得不慎。

言語一定要謹慎，不能過於隨意，很多人說話的時候，大腦事先並沒有想好要如何表達，直接從無意識的狀態下順口說出來，對一個表達上不嫻熟的人來說，可能會帶來一些不必要的麻煩。

語言畢竟是表情達意的一種方式，每一句話，都暗藏著一層意思，每一種表達，都會傳遞出表達者的情緒與思想。同時，面對不同的傾聽對象，同一種表達，對每個人的影響都是不同的。所以過於隨意的語言，不假思索的表達，在語言的組織和主題的體現上，都會造成缺憾，輕者會讓表達者損失在群體中的公信力，重者，說者無意，聽者有心，可能會帶來無數的損失與麻煩。所以說話的時候，一定要謹慎，該說的說，不該說的，就要學會閉嘴，如果被別人形容成是一個「廣播電台」或者「大嘴巴」，對其語言的信任度以及保守秘密的能力表示質疑時，可能會有很多人不再信任這個朋友。

還有一種人，很喜歡說虛偽的話，習慣於用欺瞞或者歪曲事實的方法來挑起事端，或者來體現自己的優越感。比如本來沒有太多的錢，卻一定要說自己多麼富有，多麼享受，事情暴露，結果自然會被人瞧不起；比如看起來某些人關係很好，或者某種不可告人的利害關係，於是在這個人面前說另外一個人的壞話，在另外一個人面前又說這個人的壞話，於是大家彼此之間生出一些間隙，加之中國人不太習慣採取直接的方式去質問當事人，結果就在這種相互傳話中，關係變得非常混亂。

喜歡扭曲事實的人不在少數，包括一些修行尚可的居士，常常會把一些普通的事情描述成天花亂墜的事件，以引起聽者的關注和敬佩；為了突出自己在生活與修行上的優越，從自己如何成為一個幸福的人，幸福又是如何的美妙，到自己如何天護神佑，不施脂粉卻能神清氣爽，不讀經書而心自出梵語，至於會有佛菩薩會在需要的時候，幻化出現在自己的世界裡，那就更是稀鬆平常的事情。真是大千世界，無奇不有，彷彿佛菩薩對他格外眷顧，把大多數的好處和瑞相都給了他一樣。

如果僅僅是傳說，大家也不妨當成故事娛樂一下，姑且聽之，可是作為一個人信誓旦旦所講出的「經歷」，隨著時間的流逝，各種事情的驗證，很多原因自然會浮出檯面，而這個人在朋友中說話的可信度自然會逐漸降低來，大家甚至不會再願意與他繼續交往下去。

人有時候就是這樣，可以容許一定程度的傷害，或者直接的衝突，因為誠懇的溝通有助於消散一些怨氣，甚至利於雙方能夠更清楚地認識對方；但是卻不容許欺騙，哪怕只是很小的事情，用欺騙的名義來獲得虛榮、獲得自尊、獲得利益，這是非常傷害人際之間信任的。現代人的誠信愈來愈重要，哪怕是滯交貸款，手機話費，都會影響一個人的信用指數，更何況是當著別人的面赤裸裸地說謊。

採取妄語的表達方式，看似非常聰明圓滑，卻是語言上的一種愚鈍。表達者以為用不真實的一廂情願講述，就能夠將自己的一些意願附加上去，讓周圍的人相信自己。偏離事實太遠的表達，會隨著時間的流逝，事實本身具有了更強大的說服力，一旦事態暴露，周圍的人事實上會選擇放棄這個人。千萬不要覺得自己聰明過人，別人都是容易被蒙蔽的，很多朋友能夠容忍不斷伸出援手來幫助一個人，卻不願意不斷被一個人當作笨蛋繞進語言的騙局當中。

妄語者，在沒有形成太大傷害的時候，只要不是屢次犯錯，而是能夠逐漸改正，還是容易被原諒的，畢竟這種人，必須透過扭曲的表達來滿足自己的一些欲望，也是出於一種病態的心理，或者類似於取寵與傲慢的表達，只要心能夠逐漸回復到正常的狀態，保持對自己的嚴格要求，經過一段時間後，也會讓周圍的人重新接受。不過，業障卻也因此種下了，需要一段時間的消弭和修行。

我們在生活中，自己也常常無意中陷入妄語當中。為了能夠鼓勵孩子努力學習，我們會說，如果不努力，就會變得如何如何不堪，變得像誰誰一樣落魄，這帶有恐嚇、不真實的言語，其實並不能有效教育孩子，反倒讓他生出抵觸，而潛意識中，則會更多盯著那個被舉例的人看，染上一些壞習氣。包括企業領導者也是這樣，不要隨便許諾下屬什麼，不要總是畫餅充饑，卻一次都沒有兌現，久而久之，公信力就蕩然無存，公司的團隊精神也就敗壞了。

謹慎的言行，在一定程度上反映出一個人對誠信的態度。古人云：言必信，行必果。對自己的言語負責，尊重事實，言出必行，這樣的嚴格要求，才可能逐漸建立起個人的誠信體系。而這種對言語負責的態度，也是一種行動能力的體現，一個人能夠不妄語，不誑人，愛惜信譽，謹言慎行，便具有一種大智若愚的智慧，有所成就的可能性就會高出許多。

無話可說與說得更好

語言是柄雙刃劍。我們常常反省，當我們意識到語言危險，需要謹慎面對的時候，同時也變得不知如何表達語言了。很多境況下，不是不想表達，而是不知道如何表達，語言能力本身存在不足，這是有可能性的，但是還有一種可能性，愈在乎某一種表達，就會愈不知道如何才能更好表達，結果導致該說的時候，一句話都說不出來，大腦一片空白，愈尷尬愈張口結舌。

這種情況不在少數，一個從來沒有在公眾面前講話的人，到了公眾演講的場合，臉色往往會迅速通紅，哪怕是一、兩句簡單的話都說不出來。

曾經看過幾名年輕的女孩，參加一個二十幾人的聚會，環境已經比較隨意，但是結束時候，會讓每位與會者做一下自我介紹，其中有三、四個女孩，站到台上後，先是臉色通紅，一句話都說不出來，一旁的人微笑著問她叫什麼名字，提示著思路，可是她依然什麼都說不出來，最後緊張地在台上捂著嘴巴，尷尬笑著。

這種突然性的表達障礙失語是一種過度的緊張和自卑造成的，對環境的不熟悉，對自己表達內容的不確定，對自己期望值過高，都可能會導致失語的狀態，這時候不妨做幾下深呼吸，將自己的呼吸盡量調整到平穩的狀態，心中還要多一些自我暗示，不要怕，這沒有什麼，邁出第一步很困難，但是習慣就好了。

記得第一次做電台節目的時候，也是感覺自己心口跳得厲害，甚至太陽穴都有充血的感覺，不知道自己能不能順暢表達，也不知道表達能不能準確，咬字是不是準確，當時因為對陌生的領域充滿未知，而且不知道事先要準備什麼內容，加上當時年輕，還沒能實現很好的心態調整，得失心依舊很重，總是擔心會出醜，結果後來主持人說，很多人初次上節目的時候都不知所措，即使是年齡已經夠高，或者成就也不錯的人，第一次面對陌生的環境都是很慌張的，但是，當對方一旦發現，原來說錯話或者沒有表達清楚，都是無關緊要的，大家會關注談話的內容，而不會過分關注人本身，情緒慢慢緩解下來，就進入狀態了。

的確如此，當節目開始以後，在一點點緊張的說錯話之後，發現所有人都沒有受影響，心理的恐慌逐漸舒緩下來，後面的話題，已經能夠全神貫注在問題上，結果非常順暢地完成了節目。

當我們極度在意一些事情的時候，想把一件事情說得更好時，往往結果卻弄巧成拙，特別是對沒有經驗的人來說，會變得更加放不開，甚至連正常狀態都發揮不出來了。我們的語言表達能力，有一個特徵，便是言為心聲，說的話要能夠從大腦中反映出來，才能表達比較順利，但是當我們渴望說得更好時，對大腦提出了過高的要求，而且還在心裡默念：千萬不能出錯啊，結果呢，恰恰這樣的提示更增加了心理緊張程度，那種狀況下，大腦已經無法反映出更好的表達內容，一片空白，嘴巴也只有無話可說。

一旦我們放下一些預設和警惕，把注意力放到問題本身上，像往常一樣，去思考和謹慎地發表自己的見解之後，會發現這原來也只是一次簡單、隨意的談話而已，並不像想像中那麼複雜和困難。

如果能夠在眾人面前做到非常理想的表達，那麼對宣揚自己的思想，引導大眾的智慧，提升自信與影響力都是非常有好處的，可以透過必要的訓練和提升來達到這個效果。

面對語言我們需要具有正確的態度：我們不能不說話，要不然聲帶的存在與闌尾等同，但是我們要謹慎地表達，保持言行的一致，避免妄語與歪曲，以免增加業障；不要對自己的表達有過高的期望值，平時要做好訓練，才能做到更好、更準確、更平靜溫和。

第八章 大慈大悲一念間

若菩薩心不住法而行佈施，如人有目，日光明照，見種種色。

世間之人，當為了福報而發了善心，這執著的心卻有了更多的負擔：怎麼好人總是沒有好報！當我們要去拿一樣東西的時候，總是會有另外一種代價跟隨其後。乾乾淨淨的善念悲慟，此時此事，打開心門，洗刷完畢，了無罣礙，又重新回到平常的狀態中，此時此事，一切如常，一切又不似從前。一念之間，處處道場。

慈悲，永遠是佛法中最殊勝的功德，佛陀曾經堅定地叮囑說：「比丘們，無論是什麼樣的世間功德，也不及慈心解脫功德的十六分之一。慈心所散發的明亮、光芒和光輝遠遠勝於其餘的世間功德。」——《如是語》第二十七經

人人可為菩薩

善念是友好的，慈悲的，利他的，沒有目的，不求回報，眾生平等的一種態度。慈悲心讓世間的眾生都有機會佈施與接受，善念的光輝普照每個人，我們可以接受幫助，帶著感恩的心，也需要不斷佈施，增強自己的福報。

慈悲能夠令世人在茫茫人海中感受到彼此間的溫暖。人類是孤獨的，在這個宇宙間，在這個星球上，人作為整體和個體都是非常渺小的。大街上每天都是擦肩而過的人，近在咫尺，卻彷彿相隔萬里之遙，甚至連多看對方一眼都會被引起懷疑。

在慈悲心的引導下，世人彼此間會有一種善念的前提，而不是警惕與防備作為前提，人與人之間，可以用超越自我與他者區別的慈悲心來對待，當然，這是理想狀態，但至少已經可能

會出現陌生人之間的友好與幫助，這樣的人群是充滿信任與溫情的，而不像現在，每個人都緊張得很，唯恐陌生人會對自己如何不利。

我們喜歡親近那些有善心的人，他們身上彷佛有光芒，會穿透人心的粗鄙與黑暗，這也是為什麼很多有修行的大師與慈善家，能夠讓周圍的人感覺到一種親和與如沐春風般的氣場，那是他們身上善的光芒在發揮作用。我們身邊如果多幾個這樣的人來引導，而不是那些為富不仁的人引導，那世界會更清淨和美好。

其實平常在生活中，不要有太多的分別心，將自己隔離起來，就能將善的力量傳出去，即使是陌生人，不妨陽光燦爛地招呼一聲，給對方和自己一個好心情；如果看到別人需要什麼幫助，盡心去指引一下，人如果沒有到了真正的困境，是不會尋求他人幫助的，舉手之勞，也許對他人能產生很大的幫助。

人們喜歡稱呼那些救助他人的人為「菩薩」，其實只要人人都發善念，願意幫助他人，都可以稱為菩薩，當然，在修為上，佛陀也曾經說過，發善念，做善舉的人，死後哪怕是達不到最高的解脫，最低也能投生於天界（梵天），可見只要一發善念，就可以改變來生。這樣的修行方便，比世間最強勁的打折促銷還要誘人！力所能及的行善，又何樂而不為呢？

要達到真正的慈悲並不容易。慈悲之心，應該是一個發自心底的一種善良、親善，利他思想，雖然善念並不是要求人們放棄自己的生活來幫助他人，但是卻有一定的要求，比如：

一、真正的善念，並不一定要求得福報，沒有所求的善念，才是真的慈悲。我們去救助他人時，無論對方是美醜、老幼或者所處環境如何，我們都不曾厭棄，而是遵循著自己的善念，真心幫助別人，這算是真正的善念，如果看到對方身上破破爛爛，發出令人不舒服的氣味，修養也不好，便不願意去幫助，那這種慈悲，只是喜歡令自己愉悅的行善而已，依舊算不上真正的慈悲。

二、真正的善念，是感同身受地體諒，是發自內心地祝願，是廣闊無私的慈愛，希望別人能真正地脫離困境，能夠快樂起來，而且佈施之人並沒有高高在上的優越感，與受施之人是平等的友誼，是眾生間的相互扶持。這種善念，會令接受幫助的人，感覺不到壓力，更容易感受到幫助中的關愛與悲憫。佈施的人需要鼓勵受施者同樣感覺慈悲的力量，也要逐漸恢復正常生活，用同樣的慈悲之心，救助他人，救護一切有情眾生。

三、真正的善念是慷慨無私的，但卻非虛偽硬撐，自己明明身無分文，為了能夠得到福報，便舉債也要去行善，這不是真正的慈悲，因為這樣行善，貌似對自己累積了福報，卻讓自己身邊的親人與朋友承受著債務扛身的陰影。按道理講，這樣行善，真正應該受到福報的是那些願意借錢出來的人。當然，這不是被提倡的行善方式。而平常的人，有一些餘錢的人，可以

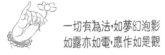

量力而為，事實上，即使沒有錢，但是我們有雙手，有心意，可以用力所能及的勞動來行善，依舊值得嘉許。

四、真正的善念需要一生堅持。善的種子種下去，其實就代表已經開始獲得福報，但是並不是做了一、次兩件善事，命運便可以徹底改變，我們前生種下的惡，也不是透過偶爾的善舉就能化解。善念應該是我們日常的生活態度，不見每次都要專門針對重大事情行善，其實身邊很多的小事依舊能夠護持善念：扶起跌倒的人、幫路旁受傷的人撥打119、餵養收留流浪的小狗、小貓、牽扶視障同胞過馬路……等等。珍視關照每個生活中的小細節，善念會逐漸內化成我們性格中的一部分，見到別人有困難，便會不假思索，力之所及的伸出援手，這樣的慈悲心，福報甚高。

我們強調人與人之間要多一些幫助，多一些信任和支持，這是眾生都非常容易修持的智慧。我們常常看到一些殘忍的故事中，殺人者甚至會念及一粥之恩而放過一些人，令人不勝唏噓。其實我們的很多行動，會在不經意間增進我們與周圍眾生的關係，發善心而放生的烏龜，居然能夠幾次從水中又重新爬回來，準確找到自己的放生者，這不能不說真

的是慈悲心帶來的善緣。

我們的慈悲，不僅要對我們自己認知的云云眾生，對於並不熟悉的生靈，同樣要保持著善念。即便是「我執」旺熾生活在其他世界的靈異，也需要一些佈施，雖然我們看不到他們，接觸不到他們，但是有時候會感覺到他們，靈異體也能看到他們，我們可以藉由他們引導來佈施，讓更多的生靈擺脫痛苦，獲得幫助。

慈悲心被現代社會更加注重。現代文明創造了很多奇蹟，也助長了無數人的科學崇拜之心，科技的作用被無限放大，可是要清楚看到，在這個世界上，總有一些問題，是金錢、科技、制度所無法解決的，我們的精神家園能否保持著溫暖與圓滿，人與人之間的隔閡能否更好地消除，人們之間能否長期保持信任與友好，這些問題，是需要藉助我們內心善的力量來解決的，而與其他的外界因素反倒沒有太大關係。

慈悲之心，福慧雙收

慈悲是善念，對我們自己是永久的福報，對受到幫助的人，也是一種解脫，可以暫時地度過苦厄。我們的靈魂會在慈悲的善舉中得到昇華，我們的修行，也會因為善心，得到更大的福報。而慈悲的人，由於發自內心的善意與愛，也會在精神上得到諸多的愉快，的確是一種多方受益的修持方式。

慈悲之心，對於增強施捨者的福慧都有很好的幫助。中國人講究「福」氣，主要是指一生幸福健康，福星高照，萬事如意；但是在諺語中卻講到：「吃虧便是福」，這似乎是一個悖論，為什麼一方面要享受得到美好的事物便是福氣，而另一方面卻認為能夠付出，能夠捨棄也是一種福呢？

恰恰是因為用相反的方式來表達「福」才是最符合佛法智慧的。福氣人人知道很好，都想得到，究竟要怎麼得到，卻沒有明確的說明書。我們天天乞求自己有福氣一些，能不能如願呢？那要看前生種下的因是什麼樣子的了。但是這一世卻是可以透過修福、修慧獲得現世報的「福」，這樣的做法就是先「捨」出去，福氣才能跟著回來。

先「捨」後「得」，這個道理人人都懂，真要做到「堅持」二字，還是難度甚大，貪嗔癡是很多人都有的問題，慳吝之心，往往阻礙我們去為別人付出，把錢拿出來幫助別人，對很多人來說，要經過很大的心理掙扎。只有在捨的過程中，才能治療我們這種貪戀慳吝的煩惱心。

我們要明白，財富不是恆定不變的，而是根據人的心態、運氣與福報，會逐漸增多的，只有給出去財富，才能得到更大的財富，捨出去慈悲，才能得到更多的慈悲，其實福氣也是這樣的，你捨出去的時候，無論哪種幫助與扶持，福氣會跟著財富和慈悲一起回來，讓施捨的人獲得更多福報。

吃虧是福還有一層意思，能比眾生多一重能吃苦受累，敢於捨棄，視眾生平等，不計較，不求回報的智慧，即使在世人嘲弄與不解的質疑下依然我行我素，這的確已經是有福之人了，因為這種人的智慧，已經達到了一種世俗人所不能理解的狀態，卻自甘享受，惠益眾生，若真的達到這個境界，已經可以與極有修行的人相提並論。

一個敢於捨棄的人，並且樂於捨棄的人，在我們平常的世界中，是值得眾人去尊敬與效仿的。如果沒有真正的悲憫心，沒有真正的智慧，我們永遠都會在自己的「小我」世界中，看到的天空和思想的境界，只有一個非常狹隘的空間。

很多人還是覺得自己暫時不具備能力行善，其實不然，悲憫不僅僅是施與他人，有時候，還包括我們的寬恕與祝福。別人冒犯了我們，傷害了我們，不去計較，天天要求對方不斷給予自己補償，而是能夠該放手的時候放手，將仇恨放到一邊，寬恕他，因為對方所造之業，會一世世傳下去，伴隨他自己的每一次轉世，都要為此受到折磨。

佛陀這樣講到修心的人要勇於原諒他人：「當一位比丘內心生起怨嫌時，他可以對他所怨嫌的人作自受業報想：『此人是作業者，也是業的繼承者；他所作的業將成為他的母胎、將成為他的親族、將成為他的依歸。無論他所作的是善或惡，他都會自受業報的。』這也可使你對他的怨嫌得以消除。」

看到對方正在向著萬劫不復的深淵邁進，我們要盡量寬恕他們，一方面能夠減輕他們的業力，另一方面也是對自己的解脫，或許自己與對方曾經在前世有一些不愉快，一直都沒有解決，如果這世寬恕了對方，那這個結也就打開了，不然對方要世世跟著自己尋求寬恕，循環不斷，又有什麼意思呢。想到寬恕一個人，等於給為己化解了業力，超度他人，自然是很大的慈悲和福報。

慈悲的心是真實的，不能為了善心，便不顧真實的感受，硬生生逼著自己去放下，去寬恕，這是虛偽的慈悲。只是唯唯諾諾做個好人，不是真正的慈悲，只是勉強承受和忍耐，這樣的執念，也是一種折磨。

而慈悲的人，也許依舊會有不喜歡或者不高興，這是人之常情，不必刻意壓制。但是要保證內心中的真誠善心，要能夠發自內心地祝福別人，耐心地為別人解答與服務，盡自己的本分，這也算得上是慈悲之心了；如果連最起碼的善意都做不到，對自己需要做的事情都不能付出很好耐心，只是在那裡裝裝樣子，三心二意，那就不能稱之為善心，而是對福報的投機心，將做善事看成是投資，是做生意，或是幫助別人的時候有點善心，對自己身邊的人和事卻毫無善念。

沒有祝福之心，這樣的佈施，也是沒有用的！

財佈施一時，法佈施萬世

我們付出財物，給予幫助，這種佈施，能夠短時間內幫助他人，解決困難，度過難關，但是如果要長久地幫助別人，則需要讓接受佈施的人也能夠得到智慧，也懂得發願修持內心，明白慈悲的意義，也能夠在有生之年，懂得忍辱、精進，能夠用智慧的心性去面對生活和未來，在現世中，同樣懂得獲取財富、智慧、長壽的福報。

法佈施對修行者來說，具有非常大的難度，要讓蒙昧的人能夠懂得諸行無常，諸法無我，物我無別，是非常困難的，佛說「眾生畏果，菩薩畏因」，要對眾生形成一種引導，必須讓他們看到實實在在的效果，需要拿出些有說服力的證據，才能令眾生動心。

如果我們自己的生活就是一塌糊塗，生活潦倒，還要去為眾生宣揚慈悲，說該要如何精進，雖然是說得非常有道理，也是真誠地幫助他人，卻怎樣也無法讓眾生產生追隨的想法，人們看重未來的利益與好處，看重別人同樣這麼做得到的回報，卻無法理解一個人僅僅是語言誠懇，卻自我經營不好，如何能夠令人信服！

維摩居士對法佈施提出一個設想：「法佈施是以身作則，如法修行，作一切眾生的榜樣，這是真正的法佈施。」對四大皆空的出家人來說，普法傳法，深入細緻地為眾生講明佛法的智慧與善念，以及如何修持，便是極好的法佈施，可是對世俗眾生來說，卻可以真正做個榜樣，從自身的經驗和閱歷給予引導。

俗世間有修行的人，要做好這個引導，要知道對別人引導，不僅僅是要送他佛經，要讓他每天去讀經，去精進，會達到什麼效果，還要去引導他們向善，透過自己的所作所為，來影響他們，使得更多的人願意選擇嚴格要求自己，勤奮修行，對自己周圍的人也同樣能夠發揮很好的影響作用。

俗世間的人，不會隨便去接受一些觀念，只相信自己看到的，理解了的東西，對自己不曾瞭解，無法掌握的東西，至多是敬畏，卻不能發自內心地認同與實施，因此法佈施難度很大，但是福報卻深遠。

一個能真心幫助他人，願意協助別人也解脫的人，佛陀曾經說過，能夠在現世中獲得很多福報，加上轉世福報，便是十一種利益：「慈心解脫能得十一種利益。那十一種利益是什麼呢？那是——睡時安寧；醒時安寧；不造惡夢；為人所愛敬；為非人所愛敬；受諸天守護；不

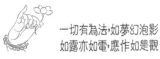

會遭遇火燒、毒害和刀傷；易於入定；面貌安詳；臨終時不昏亂；若未能達至最高的解脫，死後也能投生於天界（梵天）。」

實施法佈施，對己對人都是意義非凡。但是由於法佈施的影響更加深刻，因此對修持者也提出了非常高的要求，自己首先要做到，做好，才能引導別人也做到，也才能夠給予眾生法佈施。

這種人必須自己內心已經非常純淨，精進勤奮，領悟深刻，也能夠在俗世間獲得一些回報，足以維持其寧靜的生活，能夠讓周圍的人感覺到，捨財富，卻得到更多的富貴；捨智慧，卻得到更多的智慧；施無畏，令眾生沒有恐懼與災難，自己也同樣獲得長久的安詳。

由於法佈施能夠令眾生聽聞到正法，領悟到智慧與慈悲，瞭解到人生是充滿煩惱與苦難的，從而發願修持，破除煩惱，發慈悲心，逐漸解脫，因此在六度中，佈施被當成是第一道能夠讓人到達生死解脫彼岸的方法。

在佈施中，施捨的人如果能夠保持正見，不求回報，沒有目的，就能夠真正讓自己獲得無上的智慧，看透塵世間的得失、利益、名譽，都不過是過眼雲煙，而真心幫助他人，讓眾生能夠獲得快樂幸福，也從諸多苦難與煩惱中掙脫出來，看淡人生，同樣能夠脫離生死，獲得解脫。

慈者無礙，一念成佛

慈悲是人性中的一道光芒。悲天憫人，感同身受，一個有慈悲心的人，能夠懂得天地萬物的運轉規律，懂得順應規律，悲憫生命；也懂得用何種心態去面對生命與生活，悟透生命，才能真正清楚什麼是大悲憫。

慈悲不僅僅是不殺生，不踐踏，一心利他，同時還要能夠懂得如何尊重生命，也懂得如何在大悲與小憫中取捨。如果是少數壞人，為了某些利益要去殺害另外的一群人，在這樣的情況下，如果是慈悲，那就誰也不殺，可是壞人必定要殺害好人，看著他們殘殺而不施以援手，這不是慈悲；可是如果殺害壞人，依舊是犯了殺戒，這時候要如何取捨？

世界上總是有很多貪得無厭，恃強凌弱的人，也有些規則是需要悟透的，在歷史上，經常會有大規模的滅佛事件，最初很多前輩都是引頸受刀的，但是到後來，卻不得不手握武器進行反抗，對壞人一味地忍讓並不能救助他們，反而卻增強了他們的囂張之心，助長了惡性氣焰。

其實佛法中並不排斥用暴力解決暴力，只是要有真正的正義目的，要在真正悟透慈悲的前提下來做這樣的事情。

前面那個命題繼續發揮一下，一小部分人，為了自己的利益，如果去侵犯大部分人的利益，即使小部分人認為自己懷著慈悲的信念，或者是為了眾生的利益，都不足作為這種藉口的。因為這個世界上，大部分人的利益，即使並非真理，卻不能考慮採取用血腥的方式去求證少數人的真理，所以佛法教導大家要學會順勢，為什麼要順著這個自然？因為我們無法扭轉，也無法去跟無數的人對抗，否則就是破壞和諧，自己哪怕握有真理，依舊需要沉寂下去。

如同許多人抱著自由的想法，在網路或者媒體上，大肆發表自己的個人見解和言論，其結果是刺傷了大多數人的認知和道德理念，這種人必然會受到抵制，哪怕他所講的一切中，有不少是正確的，但是依舊無法被群體接受。

慈悲心是需要能夠順應時勢的，同時又不需要拘泥於非對抗的形式，只要真正是為了善者的利益，為了在侵犯者面前能夠保障生命，這是基礎的思維。

還有一個悖論，曾經出現過一群人，將一個小偷活活打死的事件，雖然看似是一群維護正義的人針對一個作惡的人，可是這樣的情況下，這群打人的眾生其實是需要受到譴責的。對一個已經失去侵犯能力的攻擊者，此時已經恢復成一個無助的弱者身分，那麼眾生已經具有足夠的能力來躲開被侵犯，同時也有足夠的機會來做出選擇，可是此時卻選擇為了一時的洩憤而將這個弱者置於死地，已經是一次極端惡念引導下的殺人事件，毫無慈悲心可言。

慈悲的心是在安全的情況下，對眾生的感激與祝福，是自由與欣賞，是悲憫與寬恕，是了無罣礙的寧靜與大度；而慈悲在面對個人與群體危險的時候，是敢於挺身而出，以我不入地獄誰入地獄的救助信念，與作惡者進行較量與對抗，而不是縱容與姑息；一個人的力量不會使一群頭腦狂躁的暴徒冷靜下來，只有先想辦法讓魔念消散，才能施以慈悲的清涼善念，來寬恕、度脫他們。

正是因為存在區別的對待，需要我們能夠看清楚事情的狀態，把握好自己的行為。也許只要差之毫釐，就可能一念成佛，也可能一念成魔。我們的慈悲心，需要的是大慈悲心，是看得透世間的鬥爭與利害的慈悲心，是化解心，是不盲目的，是不怯懦的，是鐵骨錚錚，又是柔情萬千的，不要自己畫地為牢，失去了真正慈悲的本念。

還有一些眾生，在理解慈悲的時候，也是非常狹隘的，以為把錢不斷供奉給和尚，捐給寺廟，便是在做善事，以為這樣做，便是能夠真正地實現自己的慈心善願了，實際上這是種偷懶的辦法，或許有些同修會認為我的意見過於偏執，先在此謝罪，主要是針對一部分同修道德感並不強，修為也不值得稱讚，私人帳戶中有著弟子們供養的鉅額財富，卻極少去想過要如何拿來救助眾生。不少道場已經是披著佛法的外衣，做很多並不利民的事情，如果大部分的捐助，都是拿來修成金碧輝煌的大殿，而讓無數的信眾還在艱難的生活中苦苦掙扎，這樣的捐助又有何意義呢！

與朋友去拜會很多寺院的時候，我都習慣把自己的捐助分成三份：一份會給寺院，另外的，會給生活艱難的老人，還有一份，給那些生活困苦、學費籌措困難的孩子，他們是更加需要幫助的群體。

當然，現在也有很多寺院，師父修為甚高，長期一直資助著貧困學童讀書，救助周圍的窮困群體，非常欽佩這些大菩薩的慈悲心，在此也深深感激。

慈悲之念，存乎一心，轉眼千年，倏忽萬代，唯慈者永存。

第九章 信仰在靈魂深處

離一切諸相，即名諸佛。

晨鐘暮鼓，木魚青燈是信仰；俗間尊持，沉吟證悟也是信仰。此間可群體日日精進，他處可孤身冥思求解，都應是真正的修行之人。信仰只要走入內心深處，便成了一扇無法關上的門，在什麼地方，什麼人心裡開啟，並不是最重要的，因為只要這扇門打開了，智慧便開始播種，花瓣遍撒。也許你心中那扇門已經開啟，因為我們都察覺到，內心中，多了些平靜。

對很多人來說，信仰是人生，自出生之後，便選擇某種理念構造的世界和生活；但是對更多的人來說，信仰是選擇，隨著閱歷的增加，心智的成熟，生活的變化，內心深處的渴望會逐漸傾向性地走向一些接近的智慧，一些更容易被自己接受的信仰會走入生活，並且逐漸融入生活。

佛教對很多人來說，屬於成長過程中選擇的靈魂依託方式。一個人在世界上是孤單而柔弱的，無論多麼強悍的男人女人，都不例外地會被某些精神的壓力擊垮。

我們需要明白自己生命的意義，需要瞭解太多未知的領域，需要關心我們內心深處的掙扎，需要化解內心裡揮之不去的糾纏。我們的恐懼，我們的顧慮，我們的歡樂，一切的一切，需要有個答案，需要有個解釋，特別是對今生今世的所作所為，有個確認。

佛陀告訴我們，今生今世做善事，能夠福澤子孫，回報來生，所以我們會珍惜這一生的言行智慧，不懼生死，期待未來。

不懂佛法，仍能成佛

佛法是教誨，是引導，是舟渡，是階梯。

很多有修為的大師認為，佛本身並無特別之處，不會多一隻手多一隻腳，佛性也藏在每個人的心中，每個人能夠有幸進入人道，都有成佛的機會。事實上，佛與眾生的差別僅僅在於其心中，是否澄淨無礙，真如自在。

是否懂得佛法並不是成佛與否的最大障礙，心中是否能夠領悟佛所揭示的智慧，才是更重要的。六祖慧能大字不識一個，劈柴舂米，卻悟出了佛教中的「性空」與一切眾生皆有佛性的智慧。

現代人已經極少有機會詳細的耐心天天捧著經卷來研讀和領悟了，何況大藏經汗牛充棟，即使專業的研究人員都要花數十年時間鑽研才能有所心得。只是作為日常瞭解的眾生，則沒有必要天天沉湎於經書中，相反，即使短短的經句，假若能夠在生活中細細品味，反覆驗證，依舊能夠觸摸到佛教智慧的精髓。

加之佛教已經發展了數千載，歷代大師們的闡釋與領悟，已經非常豐厚，從入門的引導，到白話表達的解釋，一直到與生活智慧的結合，佛教已經逐漸滲透進我們的生活，只要願意去學習，已經有無數機會可以避開難懂的印度邏輯和解釋來瞭解佛經要義，瞭解佛性的智慧。

一個有心要潛心學佛的人，不會被佛所固有的各種形式所限制，佛陀本人都強調，佛是沒有固定相的，甚至只要擺脫了一切外物引導的牽絆，反觀內心進行證悟，便能夠發現真正的佛性。

如果佛經是佛，那把佛經燒掉，佛豈不就消失了？如果寺廟是佛，把寺廟拆掉，佛豈不是也會消失？所以，誰也不能算是佛本身，只能是某種傳達的媒介，佛沒有具體的形狀，沒有具體的模式，更沒有固定的模樣，所有我們認為是佛的東西，都可能並不是佛，而我們認為不可能是佛的東西，卻可能藏著佛性。

這不是在繞彎子，而是佛的本意，亦即不是要一個人依附著來贏得佛法。佛經可以學習，但是請不要死抱著佛經，以為一切都讀熟背會便能領悟佛法；更不要覺得不去寺院、道場便與佛法無緣，佛性無處不在，如果發自內心的領悟，也許在一個瞬間便頓悟了佛的用意與所在。

不可執著於某種所謂知識或者前賢，佛法在修煉的階段內，永遠都是屬於你自己的事情，不能靜下心來，細細地從生活中，從工作中，從點點滴滴中去領悟智慧，去感受慈悲的力量，即使是天天青燈木魚，依舊是沒有意義的。

佛性的修持是一個堅持的過程，一朝一夕的打坐念經，是發揮不了作用的，而真心向佛，虔誠修持，日日精進，將佛法融入到自己的生活，融入到自己的一粥一飯，繁瑣小事中，一點一點對自己進行反省、提升，隨著時間的推移，更能理解透悟那些深奧的道理。

做個世間佛，其實是更加有意義的事情。佛經是一個階段，誦經的過程，也是對自己的一種定性修煉，透過閱讀的方式，將全心的注意力集中到佛經上，伴著美妙的語句，可以感悟到一些愈來愈明朗的智慧。

但是智慧的獲取，卻不能如此死板，一棒子敲到自己頭上：「是誰縛你？無人縛。既無人縛你，何以解縛？」修佛證悟，無法獲取，是因為不懂佛法嗎？是因為沒有高僧大德引導自己嗎？還是因為那顆心一直很緊張很拘束地瑟縮在一個框架裡，不曾跳出來，不曾將佛經當成自家的廚房來嘗試？阻隔的心是最大的束縛，總是靠繩子去套取智慧的人，你認為中獎機率，會有多大呢？

信仰與善念

我們的生活中不能沒有信仰。對佛教的信仰，不是盲目地信了地獄、信了神通、信了泥塑，或者是信了禿頭的和尚，著迷在這些領域中的人，是沒有辦法真正從佛的智慧獲得正信與力量的，相反地，卻可能僅僅是給自己找了一個排解恐懼與寂寞的出口，靠佛教的庇佑來安心生活。雖然這並沒有錯，但是卻已經扭曲了不少佛家本意。

人在潛在靈魂中，如果能夠樹立一種信仰，在做很多事情的時候，會獲得一個底線，比如傷天害理的事情不能做，即使沒有第二個人知道也不能去做，因為頂上三尺有神明，會有一些更高層次的智者在注視著我們的言行舉止，每份業障的種下，都會無一例外地被記住，不要妄圖那個神明什麼時候會打盹，然後疏忽了自己的罪責，只要你知道，那個神明便知道，祂也許藏在你自己的靈魂中，當你想要逃避的時候，祂卻已記得清清楚楚了。

有了信仰，其實已經獲得了一個不可預知世界的關懷，正如西方很多人認為自己是上帝的

子民；在佛教的領域中，人是無比殊勝，是六道之中唯一能夠靠自修，直接成佛的。可見無論任何一種信仰，對人類都充滿了眷顧之情，我們能從宗教中獲得生存到這個世界上來的特殊意義，我們每個人都有著均等的機會走出當前的困境，而且我們可以選擇善良行為來面對生活，因為這對我們可能要面對的另外一次輪迴的生命，會有很大的好處。能夠用今生的行為，為子孫後代和自己的未來積下福緣，這將鼓勵每個人不斷去做善事，去控制自己的壞情緒，努力把握機會，證明自己的成功。

做善事，無疑是這個世界能夠有序良性發展的有效方式，這不僅能消弭人與人之間的隔閡，還能給予每個做善事的人極大的心理安慰。

現代心理學發現，經常做善事的人，精神狀態遠遠好於其他人，人際關係更加融洽，平均壽命也要長很多。善事能夠讓一個人迅速調整自己的心理狀態，哪怕只是出手相扶，好言相勸一下，都無形中會增加一個人的善緣，而對做善事的人來說，也在不斷提升著自己的精神境界，心理更加健康和成熟，更能夠與周圍的人產生相互體諒的心。由於做善事的時候，人們會自然而然產生許多愉快的心情，也極少有做善事的時候，緊張和恐懼的人。放鬆而富有成就感，會讓每一位行善者感覺到許多相互扶持的樂趣。

既然說了善事，就必然要談到感恩。感恩不見得是語言上一定要表達的感謝，其實只要在內心保持著對幫助自己人的感激與祝福，就已經足夠表明自己心意了，過多喋喋不休的表達，反倒容易給人一種不真實的感覺；當然，真正感恩的人還需要不斷地調整自己，在盡可能的機會下回饋他人，繼續做善事，增加自己的善緣，增加福報。

接受別人的幫助與回饋別人都是需要在我們的生活中坦然面對的，接受了他人的幫助，我們在增加別人的福報，而不斷回饋他人，是在為自己修持，能夠意識到自己所作所為，是有更久遠的淵源，而自己真正能夠做到在接受幫助和提供支援的時候，內心不是帶著某些目的，而是發自內心的舉動，那這份心意，完全可以在某種意義上提升我們的靈魂。

一個能夠脫離開世俗的靈魂，更能夠看透得失，領悟世界的規則，失去了，也同時意味著得到了，而得到了，也會同時失去許多不想失去的東西。我們的生活處在一個變動的狀態中，任何的執念都可能會害得我們暈頭轉向，疲憊不堪；然而，寧靜的心態，勤謹的進步，卻是任何一個人都不能丟下的。

除了像比爾．蓋茲那樣，將自己一生全部的巨額財富都捐獻給了慈善事業，讓全球首富成為世界第一大慈善家，這種一次將善事做到極致的人，大多數人，還是需要透過無數的行善，才能讓自己真正成為一名習慣行善，看淡得失的人。

一個真正有信仰的人，我們很讚賞他們能夠每天嚴格按照佛教教誨的那樣，靜心修煉，定時作息，堅毅堅持，這種強制性的自我約束，的確能夠帶來更加迅速的提升；當然，每顆心都是一個道場，因為工作與生活的原因，不能每天焚香念經的人，也一樣能夠透過日日的提醒、暗示、言行的控制來達到很好的修煉，雖然不同於苦修的專注與投入，但是在意義上，卻依然能夠因為對智慧的領悟，對善事的堅持，對自己道德的守護，最終獲得圓滿的正果。

我們的心是否光明，不是因為別人是否照耀了我們，而是因為我們是否已經自己點燃起了那盞心燈。信仰是一次美妙的經歷，當有一天我們彌留之際，想想一生沒有做傷天害理，對不起天地良心的事情，想想即將要進入一個更加光明溫暖的輪迴中，那是何等美妙的事情。

我們的生命，其實無論多少的掙扎與努力，最終都要面對那一刻，為了那一刻內心的安詳與坦然。

明心見性，不要盲從

人喜歡趕流行、時髦，包括連對於宗教的信仰也一樣。

原因很簡單，自己對佛教本身尚缺乏完整的認識。看到身邊的人進入佛教的世界中，開始變得平和、樂觀，不再動輒發火或者斤斤計較，於是心中產生嚮往，希望自己也能有所改變，於是乾脆自己也投入了信仰。可是一旦真正瞭解佛法以後，卻發現其中有著複雜的思想，複雜的邏輯，複雜的儀軌，於是逐漸升起退避之心，甚至質疑佛法，想想佛法這麼難以理解，其實際作用究竟有多大呢？現在每天都辛苦地修持，倒還不如在生活中多看看書，多在工作中投入一點，似乎也能訓練心性；於是逐漸退回到非常簡單的修行中。

人一旦升起了退轉之心，便會節節敗退，最終生活又會恢復原來的樣子，看書也會覺得無味，工作也不會有什麼特別的用心之處，這便是盲從別人去接受佛法的結果。

很多人信仰佛法，是抱持著做生意的心態，感覺身邊修持佛法的人似乎發展不錯，佛法

在大多數心目中有著比較高的地位，如果自己也能夠佔得一個名額，有個皈依證，成為俗家弟子，身分和修養也會高出不少。閒雲野鶴，一心修持，至少這樣的定位能給自己帶來不少光環。還有人開玩笑說：看一個人夠不夠有品味，要看他辦公桌上擺的書是關乎工作領域，還是佛經或者易經，能懂得用玄奧思想去娛樂自己的人，品味自然不低。這個觀點是有點盲目的，只對內心中真正親近佛法的人有用，如果舉止談吐中沒有絲毫智慧的影子，依舊蒙昧煩惱，信口開河，行為粗鄙，不僅得不到光環，甚至在一定程度上，是在增加自己的業障。

人們最初修持佛法，有退卻之心是正常的，碰到牆壁，人人都會想要退回來，再找條道兒走，很少人想要去找梯子，爬過這道牆。佛法中有許多是不為世人所能領悟和理解的道理，如果人人聞佛法而歡喜，讀佛法而頓悟，那世間也沒有辦法顯示出佛法的殊勝，人人都有智慧，與人人都沒有智慧，是均等的，不特殊的。只有很多人會懷疑，會退轉，會不懂；所以能夠懂，能夠修持的人，才顯得與眾不同。

還有人問：為什麼我在沒有領悟佛法之前，沒有感覺到恐懼和不安，覺得只要沒人看到自己做什麼，也不會受到什麼懲罰；可是自從接觸佛法以後，就開始害怕業障，害怕輪迴，要不停地鞭策著自己行善，修持。那時候就想，還不如對這些都不瞭解，或者根本就不信，那樣豈不是過得更自在一些。

人不能閉上眼睛就以為看不見，捂住耳朵就以為聽不到，要真是這樣，那可是真正的違心，自欺者的違心。佛法中所展示的世界，其實並不是讓人恐懼，而是讓人相信佛法能夠救治我們的內心，能引導我們走向更光明所設定的流程。恐懼只是第一步，人在這個世界上生存，一定要有所忌憚的，不能隨心所欲，為所欲為，有些事情是絕對不要去做的。

殘忍，仇恨，嫉妒，吝嗇，狂妄，充滿這種心性的人，會與周圍的世界樹起堅硬的壁壘，沒有什麼人會與其建立關係，除非他內心深處依舊是善良、慈悲的，但是這些心性必須要剔除，否則便會一直被禁錮在狹隘而偏執的世界裡，不得解脫。

佛法要求人們必須面對自己的本心，所以每個人心中很多陰暗的東西，也會隨著光明的升騰而清晰起來，我們修行，實際上就是要修正不當的行為，修去內心中那些錯誤的認知和情緒，同時把光明的一面更好地發揮出來，讓心中的歡喜和滿足更加強烈一些。

人人都是向善的，不是向惡的，向善最初是需要引導，也需要理由來說服自己的。社會上常常出現為非作歹，貪得無厭的人活得招搖闊綽；而慈悲寬容的人卻過得非常清苦。看不到因果的人會覺得很不公平。但是看得到人會知道，那些貪污、作惡、墮落的人，下一世只是一些為人奴役還債的牲畜，或者被人宰殺的盤中佳餚，有的甚至可能要在地獄中受盡煎熬，可是那時候人們是沒有辦法再後悔，再重新來活一次彌補的。種下了這個因，將來只能收穫那樣的果，就像釘子砸進樹裡，即使拔出來，還是有個不能彌補的疤痕。

如果我們能夠聽得進引導，看得透得失利害背後的關係，就不會那樣計較當前的一些繁瑣的東西，而是應該讓內心澄明的智慧逐漸顯露出來，同樣是做事，不要極端便會坦然。其實修行佛法，最重要的不是能否堅持儀軌，是苦練心智的過程，這對發願出家的僧眾是適用，對世俗間修煉的眾生卻不是最根本的要素。每一個人都可以選擇在日常生活中瞭解佛法，並且按照其指引的方式來逐漸領悟和踐行，所以重要的應該是內心的佛性要顯現出來，要能夠用智慧心態去面對世界，用佛法的要義去面對生活，當自己感覺這個過程已經逐漸有了歡喜和收穫，那麼信仰就是水到渠成的事情。

信佛，如果是自己內心中潛在的選擇，哪怕不說出口，不告訴別人自己佛教徒，都沒關係，因為這是自己的事情，不須要與他人交換與認證，過度的宣揚，似乎就有了貢高、我慢的味道，告訴別人我是這樣的，這個人就不是真正地感覺到佛法的力量。願意去踐行，願意把想法轉化到自己每天的行動中，這才是真正地信仰了佛法，真正地從智慧中受益。

所以如果真的信仰佛法，就把它當成自己的事，即使你心中不認為自己這麼做是為因為佛法，都無關緊要，只要願意去踐行慈悲、愛、苦難、寧靜，就是智慧了，這珍寶不見得叫佛法，你可以不這樣稱呼它，只要受益就行了。

佛授智慧，不授聰明

聰明和智慧有著本質的不同：那便在於境界。

聰明的人智商應該非常高，懂得如何把一件事情做得很好，能瞭解周圍人的利害關係，迅速分清情況，話能說圓，事能辦好，這很不錯；但是聰明人卻可能因為自己的聰明能幹，會被附加上更多的責任，會被事務纏繞住，不得不拋棄很多正常的需求，而且不得解脫，疲憊不堪。所以聰明的人能做成很多事，但是卻會被事情壓得喘不過氣來。

有智慧的人智商、情商都比較高，不僅能控制局面，也能控制自己，而這種控制，不是咄咄逼人的壓力，而是內心精神的魅力，讓周圍人感覺到愉快與美妙，於是願意效仿和追隨。有智慧的人可能不太善於說話，也可能並不是某些領域的高手，但是卻能夠用洞悉明朗的心，清楚每一步的節奏和選擇，清楚方向，也清楚周圍人的細微需求，特別是對人性的把握，對自己心性的控制，是周圍人所不能及的。所以有智慧的人能選擇事情，也能控制事情，特別是能贏得人心。

聰明與智慧，並不存在天壤之別，當我們說一個人聰明的時候，也許他已經在動用一些智慧，只是因為內心的一些掙扎，一些欲望，尚未達到收放自如，不執不偏的境界。

而我們說某個人很有智慧的時候，也許在外人眼裡，只是一個稍微聰明一點的人而已，比如懂得人情事故，懂得有捨有得。

假如聰明和智慧只是外人拿來評價某人的一種標準，那是沒有意義的，因為每個人心裡都有一個天平，知道自己的哪些問題和哪些情況，也會不斷去調整和應對，只是手法是否夠嫻熟，內心夠沉穩，眼光夠開闊而已。但是在外人看來，顯現出來的狀態可能是經過無數層掩飾之後的現象了，並不是他最真實的狀態。我們只能對自己說，我選擇做個聰明人，還是選擇做個有智慧的人？

如果僅僅是聰明人的話，可能就會不顧事情的長遠發展，不顧每件事情完成後，不僅僅是得到利益，也會種下眾多的業力，所以自己事先要想辦法化解一些壓力。這是一種內心的選擇，也正是人們會選擇信仰的原因之一，需要有這種思想，指導自己獲得內心的平靜。

我們經常會感覺到信仰力量的融入，那是一種源自心底的愉悅、寧靜、祝福、充實，無論這個信仰被稱為什麼名字，只要我們感覺到這種難以說明的潛在美妙時，便覺得心底無限透明，自己彷彿是在龐大世界中的一個行者，與周圍，甚至萬物均形成和諧一致的狀態。

生活中有一類人，工作或者做一些自己喜歡的事情時非常投入，雖然並沒有學習佛法，甚至也沒有接觸過佛法，卻在無意中，透過意志的強化訓練，透過不斷接受到的鼓勵與讚許，在極度的投入中，體會到了一種完全的融入感覺，一種無限美妙的超越感、滿足感，那是一種因為投入而不斷萌生出來的創造感，那種不斷征服的成就感，逐漸令他的各種感官集中到某一處，激發著全身最大的可能性來實現一件事情，於是奇蹟往往會在異常的投入與收穫喜悅中獲得。

很多人說，做一些事情需要天賦，的確有些人會在某些方面具有天生的稟賦，但還有很多並不是天生便有極高資質的人，卻伴隨著對做事情的高度投入、勤奮的態度、智慧的洗練，逐漸在一些領域中達到不可思議的成就。

當人已經開始達到某種和諧狀態的時候，潛在感覺是非常寧靜而自信的，即使在某種未知的競技中，哪怕是世界級的比賽中，也會因為全力投入的狀態，讓他忘卻周圍的變化，全部投入到事情上，彷彿所面對的是美妙感覺的吸引，而不是恐懼與不安所帶來的慌亂。往往在這種狀態下，結果會在意料之中，那個藏在我們背後未知的「意料」的影子，似乎透過我們的心態是否平靜，呼吸是否均勻，實力是否堅強，投入是否愉悅，而感知到了結局一樣。

這是長期修煉的結果，也是在驗證每個人心中，那些存留的、在發揮作用的智慧種子。佛法是透過很多種修持的方法，來啟發我們心中的那顆種子，比如佛經與咒語，我們也許並不知道確切的意思，但是卻可以透過不斷的誦讀，逐漸進入一種禪定的狀態，其實也就是一種極度投入與愉悅的感覺中，然後心會從浮躁的感覺中平靜下來，那些爭鬥之心，那些執著的心念，那些苦澀的幽怨，那些莫名的憂傷，會逐漸被澄明的感覺驅散，我們便能逐漸拋開許多陰暗與不安的因素，進入到一種無我無物，自由無礙的大智慧中。

那時候的所謂智慧，是無法感覺到它能做什麼引導或者領悟到何種大道理的，可是它卻明明白白地讓我們明白了在智慧的引導下，我們可以得到無上的快樂與成就。最大的智慧莫過於此，無須講明什麼，只是讓我們用同樣的眼睛，不同的思維，悟透了名利，得失，悲喜，愛恨，並且拋開了它們，超越了它們。

第十章 領悟生命與宇宙

一切有為法，如夢幻泡影，如露亦如電，當作如是觀。

真誠修行的人，乃是為了證悟生死，獲得生命自由，在這個終極問題面前，佛教似乎在找一條凡人難以解決的道路，彼岸，真的能到達嗎？而彼岸風景，又是什麼樣子的呢？是像我們幸福的樣子嗎？像我們快樂的樣子嗎？在我們無限追尋智慧的旅途中，是宗教的信仰嗎？是哲學的思索嗎？還是心理的滿足？是真實的，還是虛幻的？

大千世界如此之大，我們這麼短暫的生命什麼時候能找得到盡頭？是的，我們不能。

然而，假如真的找到大千世界的盡頭又能如何呢？或許我們就能更睿智，能更真實感受到現世世界中的每日每時，能夠與相親相愛的人，與信任的朋友，與誠懇的導師，更好地相處，更幸福地生活。哪怕這個過程還是很漫長，我們在不斷領悟，哪怕到生命終止的那一刻，可是，這不就是我們一直想要的生活嗎？我們不想要空虛，不想要無奈，不想要煩惱，不想要苦難，我們不是正在逐漸超越嗎？

所以，佛法是什麼並不重要，重要的是，我們在佛法中，一直在吸收，在收穫，在成長。

感受佛法，不必清醒

佛教是什麼？不同的人有不同的看法，很多人說佛教不是宗教，而是教育，也有人覺得佛教可以歸入哲學範疇，還有人認為佛教主旨在於啟迪心靈，修心養性，與心理學很接近。

我們沒有必要一定給佛教戴一個帽子。遠古時巫師圍火跳舞，很難說清楚那是一種怎樣的啟示，是對天地的信仰嗎？是在教導族人嗎？是終極思考後的癲狂嗎？或是在用某種儀式凝聚族人的精神，讓他們在幻覺中更加強壯？

禪宗廣慧達杲說得好：「佛為無心悟，心因有佛迷。本心清淨處，雲外野猿啼。」

佛不是萬能的，也許什麼都是，也許什麼都不是，所有的一切猜測都無法復原人們在經歷那個過程的體驗，願意用什麼樣的體驗去面對佛教及教義，這是一個人的心理準則，對研究者來說，他們也許會在某個領域的界定下能夠更清楚地認識和瞭解佛教，卻不需要求所有人都接受這個觀念。

所謂：「泥佛不度水，木佛不度火，人佛不度劫，真佛心裡生。」

佛對我們而言，真正有價值的，不是我們去信仰那些泥塑、畫像，甚至也不是我們日常生活中頂禮膜拜的高僧大德，過度信仰那些沒有實質意義的偶像，正如去追捧佛陀所謂的夢幻泡影一般，會很快灰飛煙滅，從信仰變成迷信，真正是誤入歧途。

我們需要去掌握內心中的「真佛」，至於世間人對佛教的定義或者概念，更是毫無意義，當我們都去背誦：佛教是一門宗教，或者佛教是種古代教育學、心理學、哲學時，這些都是在誤導自己。佛教是什麼，別人講了一萬遍，對自己來說，還是空洞的，就像只是看到一顆糖，便去描繪它是甜的，或者柑橘味道的，但是對未曾體驗過的人來說，「糖」永遠只是文字而已，沒有切身的感受。佛法也是如此，去真正體驗了，才知道那個味道的表達，究竟是什麼意思，當別人再次說起糖是甜的時，內心中的認同已經超越了文字，深入到文字背後。這就是體驗的力量，超越千言萬語的表達，更超越各種不同色彩的定位。

對大部分人來說，佛是智慧的學問，是融入生活中的一種平和態度，是來自靈魂深處的一種遵守，也是關於宇宙世界的玄奧思考，所以，佛教可以是教育學，可以是心理學，可以是信仰，也可以是哲學，每個面貌，都是我們可能關注的角度。

印度對「佛」字的理解便是智慧，是一種對宇宙人生的究竟圓滿，洞透徹底的領悟，在時間中、空間中、不可知的宇宙中，都循環著的一些智慧，都不曾消失的一些覺悟，構成了佛學的架構。

無論用宗教的範疇，還是用教育的範疇、哲學的範疇，事實上都不能改變宗教對世人的終極影響意義，人們不會因為它是哲學，便不再相信佛學的修持，也不會因為它是教育，便不再頂禮膜拜，代代相傳。

所有的所謂準確定論，都可能只是表達方式而已，難以確認佛教的實質，更不能作為佛法浩瀚的思想提出準確詮釋。每位修持的人，可以在心中有個自己的佛法世界，就像一千個人心中有一千個哈姆雷特，在終極思索上，我們可以有自己的思索與領悟，包括選擇。

我們親近智慧，不是親近某個名稱的定義，用心去領會佛法中關於生活，關於愛，關於苦難，關於慈悲的理解，然後再回歸到我們的生活中，無論遇到多少艱難險阻，無論我們選擇了什麼樣的道路，辛苦也罷，悲傷也罷，歹命也罷，都不再重要，我們這一世的生命，是帶著原因降生，也自然需要在每天的每件事中去感受，這些因究竟是什麼，又該如何才能讓自己這一世，真的不再那麼煩惱和悲苦。

就像有人說，你的八字中蘊藏著玄機，你將如何如何，這些言辭是膚淺的，或許我們的生命的確有註定的一些東西，可是終究我們能夠找到因，我們能夠在每天中平和而寧靜地生活，在別人眼中是悲慘的又如何呢？

莫非我們一定要活在別人的羨慕眼光下才會覺得自己存在的意義嗎？在佛法的引導下，需要學會做一個為自己思考，去面對和承擔，逐漸拋開周圍態度存活的人，這不是自閉，不是狂妄，不是輕慢，而是誠懇，純淨地去面對自己必須真實面對的一切。

其實我們年輕的時候，很在意各種算命的結果，希望知道自己一生能夠如何，知道某事的真相究竟是什麼，也想知道一直期待的事情，有幾成的把握。但是隨著年齡的增長，我們不再關心這些算命的結果，有位修養甚好的老人家從來不曾算命，而且從來不相信，問起原因，他的回答非常直率：「我這輩子要發生成千上萬件事情呢，算命的人若是能說準我的一生，他也早累死了；若是只說個大概，對我又有什麼意義呢；命是自己的，主人在心口這個地方，不要忘了。」

人們希望能夠找到各種方式對自己進行確認，哪怕明明知道這世界上最瞭解自己的人就是自己，依然要到處求教，算命可以是一種，包括星座，卜卦等等。

算命是無法預測一個修行者的命運的，透過自己不斷的修持與改進，每個人所謂天生的性格與運程，都會隨著自控，隨著意志力和修行而逐漸轉變，許多性格極端的人，會逐漸平和下來；許多悲觀的人，逐漸會看得淡然起來；脆弱的人會逐漸明白用忍耐與樂觀來面對，苦難也會變成一種前進的修持，而逐漸達到智慧的彼岸。

我們是活在自己的佛法世界中，自己對佛法智慧的領悟中，與定義無關，與評價無關，與命運無關，卻與這一刻自身與佛法相互接觸中感受到的一切有關，與內心的「真佛」領悟有關，倘若有一天感悟到與佛同在的美妙感覺，那就大徹大悟了。前提是我們每天都要努力修持，老實學佛。

佛法彼岸，圓滿人生

人要如何修持，才能到達覺悟的彼岸？是死了以後嗎？這是多麼奇怪的事情，生前不能覺悟，死後卻要成佛，莫非唯有一死才能讓人獲得智慧？顯然不是。

彼岸雖是成佛，世間之人卻極少有體會到成佛之人。縱使是藏傳大圓滿中的虹化大師，能夠有幸一睹者，也是寥寥無幾。說明此路可通，彼岸一定存在，可是彼岸究竟是什麼呢？是覺悟？是無漏智慧？是圓滿福德般若智慧？可是這些詞語如果是彼岸，那覺悟還是常常會光顧我們，智慧也在逐漸增長，豈不是我們正在努力接近彼岸，甚至已經腳踏彼岸。

佛說：「眾生本是未來佛。」大悲法師講：「一念即到彼岸。」如果在人世間，能夠發願並修行圓滿，獲得覺悟與無漏智慧，也就是成佛了。

只是有一點困惑，如果佛是如此容易成就，那世間無數人又何苦在寺院苦修，數十年都不得解脫？如果可以拋開苦修環節，明心見性，證悟自心，便能成佛，古代不少苦修禪師都是已經領悟到了的，可是為何依舊不能成佛呢？

一方面是眾生一念便能成佛；一方面卻是苦修禪師，數年難以成佛，這種過度方便與艱難，似乎讓我們無所適從，是要在生活中去遵照方便法門，頓悟成佛？還是要依循修行，逐漸發掘自心的智慧覺悟呢？

也許對世俗間的普通人來說，這兩種方式都需要遵循，能夠不加修行，立即頓悟的人，實在是少之又少，雖然有這個可能性，但是數量極少；我們在慈悲中所感受到的一念成佛，與真正彼岸的成佛尚不相同，那種成佛，是類似佛念，或是佛歡喜，能夠在慈悲中感受到諸佛境地的發願與愉悅，卻非真正成為佛的至高境界或者佛一般的身體與靈魂；如果真是那樣，佛所描繪出的奇妙宇宙與終極究竟，豈不是依舊沒有達到？

要真正到達彼岸，還是需要經歷一定的艱難與苦修，經歷一些自我的磨練與虔誠的信念，只有在一個常人所不能到達的境地中，才能感悟到一些至高至遠的智慧與妙處。若能在當世證得覺悟，自然美妙無比。對大多數人來說，透過一定的修行，來逐漸收斂性情，減弱欲望，增強智慧，這是一個人能夠逐漸放棄煩惱與悲傷，實現超越與昇華的必然過程，沒有輕輕鬆鬆的成功，對修行成佛而言，也絕非一頓飯工夫就突然領悟到至高的境界與智慧，必須有一個過程。世間百味都嘗過，才能知酸甜苦辣，世間路途都走遍，才知遠近高低，彼岸不是無知者無畏的衝撞，而是多種經歷後的徹悟。

這也就是為什麼很多人會認為，只有人死後，才會到達彼岸的概念，人一生中，似乎只有不斷去體驗，去修持，去提升，才能達到一定的狀態，可是真要到達彼岸，卻無法以肉體的形式面對。當然，這樣的理解也是有所偏頗的，現世的大成就者依然存在，雖然神秘異常，但是畢竟稱得上是成功者的經驗，證明現世也能夠有辦法證悟到高妙的智慧，能夠超越肉體，自由存在。

對絕大多數人而言，這一世是無法離開肉體去做許多事情的，我們希望到達彼岸的狀態，那種愉悅無我，自由無礙，這是一種精神上的解脫，也是現世人所期待的境界，雖然到達佛的境界後，我們可能連這些精神的追求都已經不存在，但是當下，仍須有一定領悟與收穫的標準，即使仍然處於執念狀態，卻無須擔憂，這是必然過程。

這一世不必去擔憂和顧慮無法解脫的問題，死亡不是解脫，那是對肉體的一種誤解；相反，為了能夠更透徹地領悟現世智慧，我們應該珍惜生命，珍惜健康，便於負載著內心深處的靈魂進入更好的境界。

無論我們這個肉體出生在什麼家庭，偏好著哪些興趣，或者有怎樣的病痛，我們只有依託著它，才能夠不斷成長和證悟，所有的苦難，都是為精神設定的修行道場，苦難愈多，所經受到的訓練愈強大，便愈能夠領悟到更加深刻的智慧。

也許你會說，我們這一世不想要一定成佛，我們只想要一個圓滿的人生。雖沒有領悟到大智慧，至少我們一直在用寧靜內觀，慈悲外尋的方式來漸漸領悟，我們在反省，在嘗試，在忍耐，也在品味淡淡的甘甜，這是不曾辜負靈魂與生命的心境，是不曾懈怠的態度，面對肉體與精神的自由狀態，我們沒有在困難面前退縮，而是真誠地面對，用生活的智慧，用累積的智慧，來逐漸印證內心，逐漸提升境界。

無論多麼高遠的目標，還是不要帶著沉重的心理前行，佛法的境界不是一日便能達到的，但是絕不是悶著頭日復一日地默默讀經就能得到，要學會讓我們的旅程輕鬆一點，生活的智慧，愛的智慧，忍受過後的甘甜回饋，依舊是我們在生命中不應忘記的原則。

我們的圓滿人生，應是領悟的圓滿，而領悟的圓滿，是體驗的圓滿，是生活的圓滿。

從我們身邊去好好領悟，好好成長，不要沉浸於小我的得意或徬徨，也不必拘泥於外界的無奈與恐慌，我們傲然天地間，縱橫近百年的人生，有很多精采，有很多可能，不必擔心，上路吧，不必怕，前方很溫暖，更圓滿，只要你笑著走過去。

廣衆中的孤獨

人終究是孤獨的。

無論我們身邊有多少親朋好友，無論我們擁有多大的成就，擁有多麼傲人的資產，我們都必須承認，內心中始終有個孤獨的自己，在面對生命的思考，面對無常世界時，無法擺脫的無奈與渺小感。

我們很難知道生命究竟來自何方，宇宙中始終沒有生命的影子，地球上人類的歷史也不過就是幾萬年，而未來終有一日，人類會從地球上消亡，那麼多的生命、靈體，又將去向哪裡呢？更加令人費解的是，為什麼我們代代轉世，可是智慧卻依然要從一個毫不知情的嬰兒開始累積，等到了一定的累積，又抗拒不了生命的規律，繼續面對肉體的死亡，面對再一次從嬰兒到垂暮的循環。

這個世界中有太多是我們不能解開的謎團，有太多我們困惑的疑慮。我們希望得到智慧也是為了能夠更瞭解一些不曾體驗到，不曾認識到的未知，我們不斷將眼光投向各種蛛絲馬跡的分析，各種生活與生命點滴規律的總結，領悟這一切，思考這一切，踐行這一切，雖然，這可能並不是真正的辦法，無論科技如何發達，我們的頭腦是無法停止思考的，也不應該停止，即使我們所一直追求的智慧不辨虛實，不明究竟，但是至少我們會在一個引導下，逐漸找到一些思考與寧靜的方法。

自古以來，很多偉大的思想都在表達人們內心的這種渴望，也在引導人們逐漸走向精神的光明。有了這光明，我們便不再只是待在角落裡茫然的無知者，正如我們不斷求新知識，開始進入社會工作，然後進入婚姻，成立家庭，很多時候只是在遵循著一些生命的規律活動而已，卻無法把握好每個生命環節中的要點。讀書的孩子常常不得其法，步入婚姻的人們常常無法維持到白頭偕老，工作更是如此，日日辛勞，卻不知道所創造或從事的工作，究竟能帶來多少的意義。

很多蒙昧的人，看不到正確的方法與思維的人，被智慧與規律拋棄的人，走上扭曲的道路，他們選擇用卑鄙的手段來害人，欺騙人，甚至傷害人，以為得到利益，便擁有了一切，這是對社會規律的誤解，是對生命欲望的過度化思維。

財富的赤貧，精神的巨富，在每個時代都不曾缺少智者，卻也在每一個年代中，都能留下不朽的精神力量。他們指導人們走出被利益、被欲望、被煩惱掩埋住的孤獨而徬徨的世界，那些努力掙扎而扭曲的人，那些被世俗的理念被拋棄的人，那些無數的，還在不知所措的人，他們需要有強悍的聲音，告訴他們，也許這一切都不是最重要的，我們需要的是靈魂上的解脫。

科學在創造著一個全新的世界，在改變著人們的生活，同時也在助長著如火如荼的欲望，折磨著無數人的意志，撕裂著人們的溫情與寧靜。這是外在的創造，讓我們開始對膚淺的享受與欲望變得興趣盎然，可是資源的聚集方式總是讓社會中大多數的人，成為時代的犧牲品。

孤獨、痛苦、悲傷、煩惱會更加強烈地湧向心智本無太大差別的人群，解決的途徑，似乎只有不斷去競爭、去廝殺、去搶奪，而隨著這種積聚速度的不斷提升，矛盾會緩解下來，卻不得不陷入更加沉重的狀態，自由只會成為幻想，地球成了某些人的所有，而不再屬於它的所有生靈。

人類終將倒在自己的欲望之下，倒在自己的爭鬥之中。不要覺得這是欺世盜名，看看我們為精神領域做的貢獻吧，且不論西方的哲學與心理學的不斷提升，那身處東方的我們在做些什麼呢？幾千年前古人的智慧，我們如今始終超越不了精神中的諸多問題，依舊需要回歸到遙遠的宗教中去領會和療癒，在現代心理學的引導下，人人都需要為財富，為生命的目標而活，是的，人必須有所成就，但是財富和地位不能代表一切。

精神上的領袖，探索者的思索，藝術上的孤行，這些都是值得肯定的成就，卻常常在被量化成財富後，遭到不同的待遇。當然，我們可以感慨，也許後者依然智慧不夠，不夠看透世態炎涼與市場運作，可是，我們極致的欲望根本無法適應需要極端投入的事業，否則一切都是虛妄。

讓虛妄繼續虛妄下去吧，然後在毀滅中等待裁決。人類必須明白，在茫茫宇宙，蒼茫大地上，我們是何其渺小，一場大地震便可以把家園、把文明、把無數生命毀於一旦！一場戰爭，便可能將數以萬計的生命捲入無常之中！人類不加控制的欲望，開始威脅自己生存的家園，開始威脅自己的生命，那個時刻，看我們的虛妄又將如何！

一切有為法，如夢幻泡影
如露亦如電，應作如是觀

國家圖書館出版品預行編目資料

淺讀《金剛經》/ 夏春芬 著--

一版. -- 臺北市 :廣達文化, 2011.8

面 ; 公分. -- (典藏中國：13)(文經閣)

ISBN 978-957-713-481-3(平裝)

1.般若部　2.通俗作品

221.44　　100012890

淺讀
金剛經
夏春芬◎著
凡所有相，皆是虛妄。若見諸相非相，即見如來。
一切法，無我、無人、無眾生、無壽者。
若以色見我，以音聲求我，是人行邪道，不能見如來
一切有為法，如夢幻泡影，如露亦如電，應作如是觀。
應如是生清淨心，不應住色生心，不應住聲香味觸法生心，應無所住，而生其心。

書山有路勤為經
學海無涯苦作舟

淺讀《金剛經》

主　編：夏春芬
叢書別：典藏中國 13
文經閣
出版者：廣達文化事業有限公司
Quanta Association Cultural Enterprises Co. Ltd
編輯執行總監：秦漢唐

發行所：臺北市信義區中坡南路路 287 號 4 樓
電話：27283588　傳真：27264126
E-mail：siraviko@seed.net.tw
本公司經臺北市政府核准登記.登記證爲
局版北市業字第九三二號

印　刷：卡樂印刷排版公司
裝　訂：秉成裝訂有限公司
上　光：全代上光有限公司

代理行銷：創智文化有限公司
23674 新北市土城區忠承路 89 號 6 樓
電話：02-2268-3489　傳真：02-2269-6560

二版一刷：2011 年 8 月
定價：210 元

書山有路勤為徑，學海無涯苦作舟。